慧眼识人

如何做好人才画像与人才经营

惠惠 著

中国法治出版社
CHINA LEGAL PUBLISHING HOUSE

推荐序一　DISCERNING ABLE PEOPLE

金牌招聘官的修炼之道

我很高兴为惠惠写这篇推荐序。我认识惠惠时她正好在福建旗滨集团担任人力资源与人才储备部总经理。

惠惠是一位跨界的人力资源行业的招聘专家。她早年毕业于天津音乐学院声乐系，是唱美声的，是一位"被HR耽误的歌唱家"。后来又留学英国，在英国基尔大学读人力资源与产业关系学的硕士，并荣获2002年度基尔大学的校长奖学金。惠惠是一个勤奋、有韧性的人，在我所认识接触的人当中，我第一次遇见专业跨度这么大的人，很不容易。

惠惠的跨界不仅表现在其求学上，也表现在她的职业生涯上。她先后在外资制造企业、独资企业及大型民营上市集团等百亿、千亿级企业担任招聘总监和人力资源与人才储备部总经理，又有科锐国际、伯乐及满天星等知名猎头公司的专业招聘经验。此外，她还涉足自媒体，在短视频平台拥有近7万名的精准粉丝，我也时常关注她的直播。

这本《慧眼识人：如何做好人才画像与人才经营》是《金牌招聘官是怎样炼成的》的进阶之作。第一本《金牌招聘官是怎样炼成的》是从招聘的广度展开的，而这本《慧眼识人：如何做好人才画像与人才经营》是从招聘的深度展开的，两者相辅相成，紧密结合，在前一本书的基础上又增加了新的案例和概念，内容和取材都比较新颖。

惠惠是一个实战经验比较丰富的人，本书的一大亮点就是先从简历甄选的技巧与能力着手，提出审阅简历是需要具有审美能力的，就像对待艺术品一样需要不断地品鉴，才能分辨好坏。

在"智慧选人：选择人才要做到精准定位"这个章节里，她从刘邦的"汉初三杰"到刘备的"卧龙凤雏"，再到曹操的"官方授材，各因其器"，强调了选拔人才"人岗相适"和"人尽其才"的重要性。用扁鹊医术的例子指出凡事都需要预判，企业在招聘之前就需要做好人才画像，对人才做精准定位，这样才能避免企业因选人不慎而造成的风险和危害，她给出的观点是选择人比培养人更重要，这些概念都使我耳目一新。想想自己经历过的人和事，更觉得她的观点很有见地！

本书的另一大亮点是将中医"望闻问切"的手法当成慧眼识人的工具，并像剥洋葱似的层层展开；在"留人留心：留住人才靠的是什么"这个章节里，作者写了企业留不住人才、空降高管待不长的原因及建议。相信这些内容可以为很多企业管理者答疑解惑。

本书还提到，在VUCA时代[①]下招聘官所面临的挑战及其如何应对招聘的变化等。本书以人工智能（Artificial Intelligence，AI）对未来职业的影响结尾，探讨了人工智能给招聘带来的影响、未来它会

---

① 乌卡时代（VUCA），是Volatile、Uncertain、Complex、Ambiguous的缩写。四个单词分别是易变、不确定、复杂和模糊的意思。乌卡时代是指我们正处于一个易变、不确定、复杂、模糊的世界里。

代替哪些职位、HR未来是否会被其取代等，帮助读者洞察未来的招聘趋势。

这本书是惠惠多年来研究和从事人力资源招聘工作的智慧结晶，充分展现了她对人力资源招聘的深刻认识、敏锐的洞察力和丰富的经验。

于振瑞

极电光能有限公司总裁

推荐序二 DISCERNING ABLE PEOPLE

探寻招聘的艺术与未来的趋势

我很高兴为惠惠女士（Donna）写这篇推荐序。我认识她已经有十几年了，她和科锐国际很有缘，其于2010年加入科锐。

惠惠，这位在人力资源行业摸爬滚打多年的招聘专家，以其勤奋和坚韧不拔的精神赢得了大家的尊重。

除了业务上的卓越表现以外，惠惠在年会上的动人歌声也给人留下了深刻印象。她曾在一次小型聚会上演唱《英雄赞歌》，声音清亮，情感真挚。她的歌声中透露出其对生活的热爱和对事业的执着。

离开科锐后，惠惠的职业道路发展得比较顺畅。她在甲、乙双方的身份之间灵活转换，先后在多家知名企业担任要职，包括大型民营上市集团的招聘总监和人力资源与人才储备部总经理。她在新能源行业的精耕细作，也让我们看到了她对行业的热爱和专注。

与此同时，惠惠还涉足自媒体领域，以平和、真实的风格赢得了众多粉丝的喜爱。她不仅分享了自己的招聘经验，还以独特的视角展现了职场生活的点滴。她的自媒体之路，展现了她不断学习和成长的决心。

本书汇聚了众多亮点，其中惠惠的观点尤为引人深思。她提出审阅简历需要艺术审美力，如同品鉴艺术品一般，需要细致地鉴赏与分辨，方能洞悉其优劣。这种观点独树一帜，让人耳目一新。

我深表赞同的是书中强调的"选择人比培养人更重要"的论断。多年的职场经历让我深刻体会到，与企业价值观契合的人才往往是通过精心选择而非培养而来。这一观点不仅与我的实践经验相契合，也为我提供了全新的视角和思考方向。

此外，本书对"人才经纪人"这一角色的探讨同样引人入胜。在充满不确定性的VUCA时代，招聘官面临着巨大的挑战和困惑。本书深入剖析了企业招聘官如何应对这一时代背景下的招聘变革，为读者提供了宝贵的洞见。

值得一提的是，本书结尾还深入探讨了人工智能对招聘行业的潜在影响以及可能取代的职位。这一话题对于关注未来招聘趋势的读者来说具有极高的价值，可以帮助我们更好地洞察未来的招聘市场变革。

总体而言，本书不仅为我们提供了丰富的招聘知识和实践指导，还以独特的视角和深入的分析，帮助我们更好地理解和应对招聘行业的未来挑战。

高勇

科锐国际董事长

推荐序三　DISCERNING ABLE PEOPLE

提升面试技巧与构建高效招聘的新典范

在当今这个快节奏、强竞争的时代，优秀人才已成为企业核心竞争力的基石。而招聘面试，作为选拔和培养这些人才的关键环节则显得尤为重要。我的好友惠惠，作为人力资源领域的资深专家，不仅拥有丰富的实战经验，而且对人才选拔有着深厚的专业功底和独到的见解。她的新书《慧眼识人：如何做好人才画像与人才经营》，是在《金牌招聘官是怎样炼成的》一书的基础上深挖专业度、与时俱进地拓展而来，对于每一位希望在人力资源领域取得成功的专业人士来说，这是一本不可多得的实战宝典。

这本书架构系统、逻辑清晰，探讨了招聘的各个方面，包括但不限于简历甄选的技巧与能力、人才评价中心技术、人才画像、人才地图、人才盘点等工具、方法的应用，更能站在企业生命周期和公司运营管理、业务发展角度，对简历进行"望闻问切"的"审美"，展示了一个优秀的人力资源从业者应该如何避开招聘雷区和风险点、如何搭建稳健的人才供应链，企业又如何与猎头共舞、如何用人工智能的方法做招聘、如何成为新时代的"人才经纪人"……

书中不仅融合了心理学原理和人力资源管理理念，还结合了惠惠本人丰富的面试实践经验，使得内容既有理论深度，又具有实践指导意义。在面试策略和心理洞察的字里行间，读者能够体会到优秀面试官应具备的智商、情商、专业度以及"只可意会，不可言传"的人才敏锐度，这对致力于提升面试技巧、优化招聘流程的专业人士来说，无疑是极具价值的。

值得一提的是，这本书的语言风格真诚质朴、平实易懂，既适合初学者入门，也适合资深人士参考。惠惠在书中穿插了许多实用的小贴士和建议，可以让读者在轻松愉快的阅读中收获满满的"干货"。

作为人力资源领域的同行，我深知惠惠的专业素养和人格魅力。她的成功并非偶然，而是多年来不断学习和实践的结果。我相信，本书如同《金牌招聘官是怎样炼成的》一样，将会成为众多人力资源从业者的"良师益友"，不仅为读者提供面试技巧的提升路径，更为企业构建高效、公平的招聘体系提供科学依据。

最后，我要向惠惠表示由衷的敬意和感谢。她的这本书不仅是对自己多年经验的总结，更是对整个行业的贡献。我相信，这本书将会激励更多的人投身于人力资源事业，成为受人尊敬、值得信赖的HR。我把这本书强烈推荐给所有关心人才选拔和人力资源管理的人士，相信它将会成为你们职业发展道路上的重要指南。

林玲
晶科科技人力资源副总裁

自序　DISCERNING ABLE PEOPLE

2023年3月春意盎然之际，中创信测的人力资源总监贺清君再次向我提出了一个挑战，希望我撰写一本从"慧眼识人"角度切入的招聘书籍。他观察到，市场上关于这一主题的作品并不多见，而我写的上一本《金牌招聘官是怎样炼成的》得到了市场的广泛认可。他深信，凭借我在招聘领域的深厚造诣，一定能够创作出更加精彩的作品。不仅如此，北京九九长庚投资管理有限公司CHO（首席人力资源官）陈守元、北京知行韬略管理咨询有限责任公司董事长沈小滨、环球网校的王俊杰老师，以及我身边的众多朋友也鼓励我再度执笔。他们认为，我这十几年来在北京、上海、深圳等一线城市的工作经历，以及在百亿、千亿级企业中负责招聘的经验，无疑为我积累了大量鲜活的案例和深刻的感悟。这些宝贵的经验如果不加以分享，恐怕会随着时间的流逝而逐渐消失，这无疑是一种巨大的遗憾。

事实上，我也深感自第一本书出版以来的四年时间里，我又经历了从甲方到乙方的不同角色转变，而在2020年6月又涉足自媒体，此时恰逢第一本《金牌招聘官是怎样炼成的》图书出版。利用业余时间拍摄短视频，如今在短视频平台已积攒了7万多名粉丝，同时也帮助一些粉丝和读者在职场上取得了不错的成绩，这些经历让我对招聘有了更加深刻的认识和感悟，更加坚信自己的招聘方法既具备学术理论的支撑，又融合了较为丰富的企业实操经验。

因此，我决定接受这个挑战，将我这十几年来的招聘经验和感悟积累成册，再次分享给更多的读者。我相信，通过阅读这本书，读者不仅能够获得实用的招聘技巧、面试方法和识人技能，更能够深入了解招聘背后的深层次逻辑。同时，我也希望这本书能够成为招聘领域的一部经典之作，为研究者提供宝贵的参考和启示。

这本《慧眼识人：如何做好人才画像与人才经营》可视为《金牌招聘官是怎样炼成的》的进阶之作。《金牌招聘官是怎样炼成的》主要围绕招聘的广度展开，结合我亲身经历的案例，从实战细节，招聘官的素养，如何影响组织、领导者、候选人，到技术及数据驱动时代对传统招聘的挑战及招聘管理变革等，解读"工夫在诗外"的跨界HR金牌招聘官修炼法，从更广阔的视角来看招聘。在该书里我第一次把形象管理纳入人力资源的招聘管理中，也是第一次把"微表情"识人法运用到招聘书籍中，提出了"面试的是人性而不是人心""面试的是一个家庭而不是个人"等一些独特、新颖的观点。

而《慧眼识人：如何做好人才画像与人才经营》则深入探索了招聘的深度，不仅分享了传统HR招聘知识、识人的技巧，更揭示了猎头公司内部的寻人方法与技巧。在承继前书内容的基础上，本书增加了更多鲜活的案例和前沿概念，呈现出更加新颖且富有深度的内容。这些内容在市面上的其他HR招聘书籍中鲜有涉及，为读者提供了独特且宝贵的视角。通过阅读本书，读者能够更全面地了解招聘的艺术，掌握更为精准和高效的人才识别方法。可以说，本书与前书交相辉映、互为补充。

全书共十一章，首先从简历甄选的技巧与能力着手，本书的一大亮点在于，提出简历筛选需融入审美能力，通过细致品鉴简历，揭示潜藏其中的高潜人才价值。结合实际案例，深入剖析了"人岗相适"与"人尽其才"在人才选拔中的重要性,旨在引导读者从简历中挖掘出与岗位完美契合、能充分发挥个人才华的优秀人才。

另一大亮点在于,我巧妙地将中医的"望闻问切"理念应用于人才识别中,将其作为慧眼识人的得力工具。结合先进的人才评价中心技术,深入剖析候选人的各项素质,迅速锁定具备高潜力的人才,精准评估其能力。这种方法既体现了传统智慧,又融入了现代科技,为人才选拔注入了新的活力。

本书还详细阐释了如何绘制人才画像这一关键环节。这一过程要求我们将人才的特质和特征进行精细化、精准化的描绘,类似于画家在创作人物肖像时的精细刻画。只有我们对人才的了解越深入、画像越精细,我们才能更准确地匹配人才与岗位,实现人才的最佳利用。

稳健的人才供应链在企业竞争中占据着举足轻重的地位。如何细致地进行人才分析,构建一套完善的人才供应链体系,是每位企业家和人力资源管理者都需要深入研究的课题。我把企业的人才盘点与猎头公司的人才地图结合在一起,通过内外部结合做出的人才盘点兼具宏观和微观的特点,这不仅涉及对内部人才的精准把握,还涵盖了如何与外部资源有效对接,形成一套高效、可持续的人才供应链机制,这也是我首创的方法。

在人才供应链中,与猎头的合作显得尤为重要。猎头作为企业与人才之间相互往来的桥梁,其专业性和行业洞察力能够给企业带来宝贵的人才资源。然而,如何选择与企业业务领域相契合的猎头公司,确保双方和谐共舞,则是一门需要技巧的艺术。通过深入了解猎头的运营模式、行业经验和成功案例,企业可以更好地把握与猎头的合作方向,实现人才资源的优化配置。

值得一提的是,本书还创新性地提出了"人才经纪人"这一概念。它与传统的猎头公司有着相似之处，但也可以将其看作猎头服务的一种延伸和发展。人才经纪人不仅具备深厚的行业知识和广泛的人才资源，还能够根据企业的实际需求，提供更加个性化、精细化的人才服务。我相信，随着市场的不断变化和需求的升级，人才经纪人将会成为未来人才服务领域的一种重要发展趋势，在企业与人才之间搭建起更加紧密、高效的桥梁。

近年来，国际与国内局势的不稳定性显著增加，使一些企业陷入困境。在VUCA时代下，招聘官所面临的挑战越发严峻。那么，企业应如何灵活调整招聘策略与手段以应对这些挑战呢？我在本书中通过两个生动的案例，为大家提供了宝贵的启示。

与此同时，随着人工智能技术的飞速发展，特别是一些先进工具的涌现，招聘领域正经历着前所未有的变革。人工智能将如何重塑招聘流程？我们又应如何利用这些先进技术优化招聘策略？未来，哪些职位可能会被人工智能替代？HR的工作是否也将受到冲击？本书就这些问题进行了深入探讨，帮助读者洞察未来的招聘趋势。

总之，本书选材新颖、内容丰富，且具有很强的实用性。无论是企业首席执行官（Chief Executive Officer，CEO）、职业经理人，还是负责招聘的人力资源从业者，抑或企业培训师、管理咨询师、猎头顾问以及高校管理相关专业的师生，都能从中受益。

我衷心希望，这本书能为企业领导者、职业经理人及广大的人力资源工作者提供有力的支持与帮助，共同迎接招聘领域的未来挑战！

惠惠

满天星人力资源管理咨询（南京）有限公司　科技事业部副总裁

目录 DISCERNING ABLE PEOPLE

01 第一章
甄选简历：简历甄选的技巧与能力

第一节　具备简历"审美"的能力 / 003

第二节　通过简历发现高潜力人才 / 008

第三节　通过简历识别伪装的"人才" / 017

02 第二章
智慧选人：选择人才要做到精准定位

第一节　企业如何精准定位所需人才 / 023

第二节　如何实现企业人才的精准定位 / 029

第三节　选择人比培养人更重要 / 032

第四节　不同行业的人才特点和人才需求 / 039

03 第三章
面试甄选：怎样练就一双"火眼金睛"

第一节　熟练运用面试法，快速甄别核心人才 / 045

第二节　运用冰山模型选人、用人 / 059

第三节　内外部招聘相结合，扩张招聘渠道 / 069

04 第四章
慧眼识人：巧用"望闻问切"的识人工具

第一节　望：察言观色 / 078

第二节　闻：闻声识人 / 082

第三节　问：从点到面综合考察 / 084

第四节　切："把脉"求职者 / 088

05 第五章
人才评鉴：评价中心技术

第一节　标准化职业测试：科学检验与合理解读 / 094

第二节　专业测试考试：检验知识武装 / 103

第三节　行为面试：过去预测未来 / 105

第四节　情景面试：想法预测做法 / 111

06 第六章
知人善用：人岗匹配很关键

第一节　人才画像的定义及组成要素 / 117

第二节　精准描绘人才画像 / 120

第三节　关键岗位需要配置关键人才 / 122

第四节　找到对的人：事半功倍 / 127

第五节　找到错的人：得不偿失 / 130

07 第七章
留人留心：留住人才靠的是什么

第一节　企业为什么留不住人才 / 137

第二节　企业如何才能留住人才 / 141

第三节　空降高管为什么留不住 / 146

08 第八章
做好人才分析，从源头打造人才供应链

第一节　稳健的人才供应链是企业制胜的关键 / 156

第二节　如何打造稳定的人才供应链 / 159

第三节　全面盘点人才，构建完整的人才供应链 / 162

09 第九章
企业如何与猎头"共舞"

第一节　企业为什么需要猎头公司 / 173

第二节　如何挑选猎头供应商 / 176

第三节　人才经纪人成为未来的趋势 / 179

10 第十章
VUCA 时代下招聘官所面临的挑战

第一节　VUCA 时代带来的影响 / 187

第二节　VUCA 时代的"职位说明书"变革 / 190

第三节　如何应对 VUCA 时代的招聘变化 / 194

第四节　VUCA 时代企业如何适应招聘业态，调整招聘手段 / 198

11 第十一章
AI（人工智能）对未来职业的影响

第一节　AI 对工作产生的影响 / 206

第二节　HR 如何运用 AI 技术提高面试效率 / 211
第三节　HR 会被 AI 取代吗 / 216

附录1　霍根测评HPI潜力报告 / 223
附录2　MVPI价值观报告 / 234
附录3　HDS压力报告 / 248

鸣谢 / 263

DISCERNING ABLE PEOPLE

第一章

甄选简历：简历甄选的技巧与能力

第一节 | 具备简历"审美"的能力

一、"审美"是与生俱来的天赋，还是后天培养的技能？

或许，这世上真的有些人生来就拥有敏锐的审美眼光，然而对于大多数人而言，审美更像是一种需要时间和经验去逐渐磨砺的能力。就像我在声乐领域的经历一样，对一个学音乐的人来说，有一个好的听力非常重要，而且要能分辨出什么样的声音具有美感。同样一首歌曲，为什么这个人唱出来就好听，表现得那么有张力、气息流动性好、声音控制得也好，能很好地诠释作曲家的用意，而另一个人唱出来就显得平淡无奇，或者是缺乏表现力、没有乐感呢？

要想培养出色的声音分辨能力，并非一蹴而就。这需要我们沉浸在音乐的海洋中，不断聆听世界各地的经典作品，亲身感受音乐的独特魅力。通过多听、多看、多模仿，我们可以逐步提升自己的鉴赏力。同时，理论知识的学习也必不可少，它能帮助我们更深入地理解音乐背后的逻辑和技巧。

当然，找到一位经验丰富、技艺高超的老师也是至关重要的。老师不仅能引导我们走向正确的音乐之路，还能帮助我们打下坚实的音乐基础。在这样的学习过程中，我们不仅能学会如何欣赏和评价音乐，更能学会如何将这份热爱融入生活，使之成为我们灵魂的一部分。

审美，不是天生就有的，而是通过后天的努力和积累慢慢形成的。想要找到那些真正触动心灵的美好，就需要我们用心去寻找、去体验、去实践。

在音乐学院学习的时候，我就喜欢听古典音乐，喜欢模仿那些著名的女高音歌唱家，如黄英的声音。后来，我又开始模仿殷秀梅、和慧等女歌唱家的声音，喜欢她们那种大气、深情的唱法。每年我都会去听几场经典的音乐会，让自己多接触一些好的音乐作品。

听多了好的音乐，慢慢地，我的音乐鉴赏力也就提高了。通过不断地模仿和练习，也逐渐形成了自己的演唱风格。

音乐和美术，两者在审美上的道理是相通的。当我们面对一幅幅世界名画时，如何去评判它们的美？这种美感是如何建立起来的？答案是不断地培养和实践。要培养审美能力，除了深入研究相关的艺术书籍以外，我们还需要积极地参观美术馆和博物馆，多观察、多交流、多模仿。在求学初期，能跟随具有艺术审美品位的老师学习，无疑是提升我们审美眼光的捷径。通过这种方式，我们才能逐渐练就一双敏锐而独特的审美眼睛。

美并非仅存在于艺术世界里，而是无处不在，就拿我做了十几年的招聘来说，审阅简历也需要具有审美的能力，就像对待艺术品一样，需要不断地鉴赏、品鉴，才能分辨优劣。

二、你是否具备"审阅"简历的独到眼光？

我在人力资源领域摸爬滚打了二十年，经历过北、上、深这些一线城市的职场风云，尤其在北京扎根了十多年。这些年里，我在"甲方"（企业内部）与"乙方"（知名猎头公司）的双重角色中穿梭自如，拥有了深入而独特的工作体验。这些经历让我有幸与众多优秀的人打交道，不仅拓宽了我的视野，也使我积累了丰富的人脉。朋友们常开玩笑说，我可谓"见过大世面"的人。

在这些日子里，我每天都和各种人才进行深入的交流和互动，从他们身上我总能学到很多。而身边的同事，也都是行业内的佼佼者。在与他们长时间的共事与合作中，我逐渐摸清了他们的喜好——究竟什么样的员工更受青睐。更别提我每天要审阅的大量简历和面试的众多候选人了。这些经验使我对什么样的简历更吸引人、什么样的背景更符合企业需求有了深入的了解。

我总结出一个规律：企业领导者通常更偏爱那些与企业文化契合、性格坚韧并且能干实事的员工。这些特质在简历中都能找到痕迹。所以，若你问我是否具备简历"审美"的能力，我想我的答案是肯定的。因为多年的经验告诉我，审阅简历不仅是筛选人才，更是一种对人与事的深度理解和洞察。

说到优秀，其实每个人都有自己的定义。当然，专业能力出众、形象气质佳无疑是基础。但别忘了，人品同样关键。真正的优秀人才，是德才兼备的，他们往往能吸引与自己相似的人，正所谓"物以类聚，人以群分"。

这里，招聘官的角色就显得尤为重要。同一份简历，在不同的招聘官眼中可能截然不同。因为每个人的背景、见识和认知都有所不同，对候选人的评价自然也会有所差异。有时，一个背景强大的候选人简历看起来十分光鲜，但如果其价值观不正，那么这份简历便是有瑕疵的。因此，我们需要学会如何从这些看似"光鲜"的简历中筛选出真正的人才。

而领导者的影响力更是不可小觑。如果领导者自身就不靠谱，偏爱那些只会溜须拍马、阳奉阴违的人，那么即便某个候选人的简历再出色、再符合职位要求，也可能因为领导者的局限性而被忽视。

所以，招聘不仅是看简历，更是一场关于人性和认知的较量。

我们需要用心去感受每个候选人背后的故事，用智慧去筛选真正的人才。

还有一点尤为重要，就是招聘官也是一个"伯乐"的角色，所谓"千里马常有，而伯乐不常有"。

作为一名金牌招聘官，得具备一双识人的慧眼。因为有些候选人的真正实力，可能并不会直接写在简历上。这就需要我们深入挖掘，去探寻他们背后的潜力和能力。

举例 海外组件销售总监的推荐案例

我曾为一家企业成功推荐了一名海外组件销售总监的人选。这家企业对该职位的要求极高，不仅要求人选具备销售组件的能力和丰富资源，还需拥有海外（中东地区）的工作背景，以及出色的英语听说读写能力。同时，还要有管理和带领团队的能力，以及良好的沟通和协调能力也是必不可少的。

在我推荐的候选人中，有一位男士非常符合这些要求。他曾在中东地区工作长达十几年，专门从事薄膜销售，并在太阳能领域积累了广泛的人脉和资源。然而，近五年来，他转行从事大宗贸易，这让他在回归太阳能行业时面临巨大的挑战。尽管他多次投递简历，希望重新回到太阳能行业，但由于年龄已超过40岁，并且近几年也没有在该行业从事销售工作，他的简历经常被HR直接筛选掉。

针对这一情况，我深入了解了候选人的背景和经历，并与HR进行了深入的沟通。我强调，候选人虽然近几年没有从事太阳能行业的销售工作，但他在中东地区的薄膜销售经验和广泛的人脉资源仍然具有极高的价值。同时，他的英文很出色，有良好的管理和带领团队的能力，以及沟通和协调能力，这也是该职位所急需的。另外，他目前就在一家同类型的企业工作，熟悉这类企业的运作模式和流程，而且人选的形象气质不错，看起来十分精干。还有一点也非常重要，他这个年龄段的人非常珍惜工作机会，不会轻易离职，能塌下心来好好工作。

最终，在我的推荐和沟通下，HR重新审视了候选人的简历和背景，并决定给予他面试的机会。经过几轮面试和深入交流，候选人成功赢得了公司的认可，并最终被任命为海外组件销售总监。

这个案例告诉我们，作为招聘官，我们不能局限于简历上的信息，而是要深入挖掘候选人的潜力和能力。只有这样，我们才能找到真正符合职位要求的优秀人才。

小结语

"物以类聚，人以群分"，这不仅是一个广为流传的古话，更是对招聘官这一角色深刻的描绘。优秀的招聘官如同艺术品鉴赏家，他们不仅凭借敏锐的洞察力和专业素养去探寻每一位候选人的独特价值，更凭借丰富的经验和深入的交流去判定什么样的人选能够真正融入企业文化，满足企业的实际需求。他们不仅是筛选简历的机器，更是连接企业与人才的桥梁，给企业带来最合适的"千里马"，共同书写企业的辉煌篇章。

第二节 | 通过简历发现高潜力人才

一、高潜力人才的标志性特征

高潜力人才，简言之，是指那些潜藏着巨大发展能量，未来有望在企业中担任要职或发挥核心作用的个体。他们通常具备两大核心特征：

- **显性特征**：这些是可以直接从简历上观察或验证的，它们属于冰山上的那个部分。包括但不限于：学历背景、专业资格认证、技能证书、外在形象、专业技能水平、语言能力、工作业绩、管理经验以及沟通表达能力等。这些显性特征不仅是高潜力人才外在实力的体现，也是他们在职业生涯中取得成就的基础。
- **隐性特征**：这些则更为深入，不容易直接从简历上读取，但它们是高潜力人才内在动力的源泉，属于冰山下的部分。包括：工作动机、自我认知、情绪管理能力、态度倾向、内在想法、自信心、勇气、决心、独立性、主动性、责任感以及价值观等。这些隐性特征是决定一个人才能否持续成长、面对挑战、适应变化并最终达到高成就的关键因素。

在筛选简历时，招聘官不仅要关注那些易于察觉的显性特征，更要通过深入分析和与候选人的初步沟通来探寻其潜在的隐性特征，从而更全面地评估人才的潜力。

判定一个候选人是否为高潜力人才，通常需要关注其是否具备以下核心特质：

- **高度的好奇心和学习能力**：高潜力人才通常具有强烈的求知欲和渴望学习的态度。他们不满足于现有的知识和技能，而是持续寻求新的学习机会，以拓宽自己的知识边界。他们乐于探索，对未知领域充满好奇，并具备快速学习和适应新环境的能力。
- **广泛的涉猎和深度思考**：高潜力人才往往不会局限于某一专业领域，而是喜欢广泛涉猎，将不同的知识和经验融会贯通。同时，他们还具备出色的思考能力，能够敏锐地捕捉到与工作、专业或公司业务相关的信息，并思考如何将这些知识应用到实际情境中。
- **高度的自驱力和主观能动性**：高潜力人才通常具有高度的自驱力，他们无须外界的强迫或指导，就能自主地思考问题和寻找解决方案。他们具备强大的自我管理能力，能够积极主动地承担责任，并在实践中不断检验和优化自己的思考和决策。
- **持续的学习能力和快速成长**：高潜力人才对学习的热情和兴趣不仅局限于工作领域，他们更善于将学习融入日常生活中，不断拓宽自己的视野和知识面。他们相信持续学习是成长的关键，因此会不断寻找新的学习机会和挑战，以提升自己的能力、激发自己的潜力。
- **良好的领导力潜质**：他们展现出引导团队、激励下属和推动变革的能力。即使在没有权威的情况下，也能够影响和带动他人。

作为一个公司的领导者或者HR，我们需要更多地关注员工的高潜能因素。如果我们了解到员工具有以上高潜力特征，就应该通过激励和福利等措施，让他们能安稳地留在公司。

高潜能，不仅仅是一种习惯或本能，更是组织持续繁荣的核心动力。身为 HR，我们的使命之一就是在企业的每个角落，寻找到那些高潜力人才，为组织的长远发展注入源源不断的活力。

二、高潜力人才的简历具备哪些特点？

在人力资源的世界里，一份简历不仅仅是一张纸，它更像是一个人职业生涯的缩影。那么，具有高潜力的人，他们的简历通常具备哪些特点呢？

首先，我们不能仅仅停留在候选人曾经工作过的公司数量和时长上，更重要的是，我们要深入挖掘他们在这些公司、这些岗位中所取得的成就。这些成就不仅仅是他们完成了哪些任务，更重要的是他们如何超越期望，给公司带来了哪些实质性的价值。

其次，我们要看这些公司的背景。是在行业内有影响力的大公司，还是正在崛起的初创企业？他们是如何在这些不同的环境中适应并脱颖而出的？这些经历都反映了他们的应变能力和适应能力。

最后，简历的含金量并不仅仅体现在工作经历上。他们的教育背景、培训经历、项目经验等都会为我们提供更多关于他们潜力的线索。一份真正有价值的简历，是随着时间的推移，其内容是越来越丰富，所展示的能力和成就也越来越高的。

特别值得注意的是，大学毕业后前五年的工作经历对于一个人的职业发展具有至关重要的影响。这段时间，他们如何选择自己的职业方向、如何规划自己的职业发展路径，都为他们日后的成功打下了坚实的基础。在我多年的面试经验中，那些能够在职业生涯中取得持续成功的人，往往都有一个共同点：那就是他们在大学毕业后的前五年，就已经明确了自己的职业方向，并为之付出了坚实的努力。

下面我以首席财务官（Chief Financial Officer，CFO）和首席人才官（Chief Human Resource Officer，CHO）人选的简历做例子，讲讲他们为什么能做得好、做得持久，从他们的简历里寻找其过往职业生涯的轨迹等。

举例 CFO的职业走向及事例分析

在财务领域，CFO的角色至关重要，他们不仅是企业经济活动的监督者，还是企业策略制定的参与者。现在，让我们通过一份具体的CFO人选的简历来探讨CFO职位的职业走向。

一、职业走向及事例分析

1. 人选简历概述

- 背景：男性，70后，拥有"双一流"大学机电一体化专业本科学历和中欧EMBA（高级管理人员工商管理硕士）学位。
- 专业资格：获得全球特许管理会计师（CGMA）和英国皇家特许管理会计师资深会员（FCMA）资格。
- 工作经验：拥有27年的审计、全盘财务管理和运营管理的工作背景。

2. 职业路径

- 某世界500强企业：大学毕业后从财务部管培生做起，逐步晋升为财务经理。这7年在外企的工作经历为候选人打下了坚实的财务基础，并培养了他的职业素养。该企业培养了大量的优秀职业经理人。

- **法国某集团公司**：在这家公司的下属工厂，候选人从零开始组建团队并搭建整个财务体系。之后，其还在法国总部工作了两年，获得了国际化的视角和专业水准。在这一阶段，他成功地将在上一家公司学到的财务知识应用到实际工作中，实现了知识的落地。

- **美国某上市公司**：这位候选人在这家美国上市企业工作了13年，其职业生涯达到了新的高度。他不仅负责全盘的财务管理，还逐步扩展到全盘的运营管理，体现了该人选良好的跨界领导能力和管理能力；他除管理国内团队和与国内管理层打交道外，还需要管理海外的团队，并分别和澳大利亚、印度及东南亚的管理层打交道。他在职期间，公司直接利润每年提高1%—1.5%。

- **伦敦某集团子公司亚洲区董事总经理**：全面负责亚洲的业务。这一职位不仅需要具备出色的战略规划能力，还需要具备卓越的执行力和团队协作能力。

3. 专业优势

候选人熟悉中美和国际会计准则，具备16年国际知名跨国企业财务管理经验、多年财务"一把手"的实操经验，并具有10年亚太区业务主管的管理经验，经历横跨民企和外企，熟悉东南亚和澳大利亚市场，拥有国际化的视野与卓越的沟通和影响力；为跨国企业提供全方位的按照 US GAAP（美国通用会计准则）、UK GAAP（英国通用会计准则）等不同审计准则下的审计，全球税务筹划，中国经营管理与运营咨询。

二、职业路径总结

这位CFO通过跨国、跨行业的财务与领导岗位历练，从财务分析师逐步晋升为全面领导业务的区域高管，展现出卓越的专业素养与适应能力,其职业生涯充分彰显了持续学习与不断成长的价值观。

因此,成为一名优秀的CFO,既要有深入中小企业的实务操作,又要有大公司的战略视野。体系化的历练与多元化的职业背景,共同构成了CFO的成长基石。只有在这样的全面培养下,才能成为一名出色的CFO,成为企业的重要领导者。

举例 CHO的职业走向及事例分析

众所周知,CHO作为公司内人力资源的核心管理者,负责制定人力资源战略,推动组织变革,管理员工关系,为公司培养人才。他们在公司战略实现、组织效能提升和员工成长中扮演着不可或缺的角色,对公司长期发展至关重要。

一、职业走向及事例分析

1.教育背景奠定基础

作为CHO,深厚的教育背景为其职业发展提供了坚实的基础。这位女性CHO是70后的佼佼者。候选人拥有武汉大学的人文科学背景和英国知名大学的国际人力资源管理硕士学位,为其在人力资源领域的发展提供了宽广的视野和专业的知识。

2.快速起步与晋升

在其职业生涯的早期便展示出了出类拔萃的能力。她的职业生涯起步于北京的一家国内知名管理顾问有限公司,短短一年后,她便进入一家世界500强企业,从最初的人力资源主管,做到北方大区人力资源经理,再做到分公司的人力资源总监,最后做到集团的人力资源总监,体现了其卓越的职业素养和高效的工作能力。

3.领导大型团队与变革管理

在这家世界500强企业,候选人负责超过10000名员工、5大事业部、7家运营公司和4大销售区域的人力资源工作，她领导着由40多人组成的HR团队，不仅需要有出色的领导才能，还需要在团队由分散型管理向"中心一体化"转变的过程中，展现出强大的变革管理能力。在转变过程中，她不仅稳定了团队，还提升了其综合能力。她还带领团队成功完成了跨集团的研发、产品生命周期及大客户管理等关键岗位的素质模型构建与管理体系。

4.国际化视野

她的工作成果不仅限于国内，2015年，候选人已晋升为全球高管，这表明她已具备了国际化的视野和经验，能够为公司在全球范围内吸引、保留和发展人才。

5.新的挑战与转型

在完成了一系列令人瞩目的成就后，候选人并没有满足于现状。她选择加入一家拥有5万名员工的央企，担任CHO，并作为当时国内海外最大并购项目的参与者，积极推动涉及上市公司管理模式的整合变革。由于出色的能力、业绩表现及在业内优秀的口碑，她被北京大学国家发展研究院选为中国CHO 100成员之一。这一转型不仅是对她个人能力的巨大挑战，也是对她职业生涯的新一次拓展。

二、职业路径总结

1.职业生涯的轨迹

该CHO人选的简历无疑是非常亮眼的。她的第一份人力资源管理咨询的工作训练了她思维的严谨，接触不同行业的人力资源项目，对人力资源管理有很好的了解，为她后来进入世界500强企业做人力资源管理打下了良好的基础。众所周知，咨询公司经常需要出差，尤其是国内的咨询公司，十几年前还没有特别完善的体系及良好的培训，凡事都需要靠自己去琢磨、研究，加班是常态，需要有坚韧不拔的毅力。

2.职业背景与快速晋升

该人选在世界500强企业里度过了职业生涯的早期12年，平均每4年便获得一次晋升，从人力资源主管一路晋升为人力资源总监。这期间，她不仅积累了宝贵的经验，还展现了卓越的专业能力和领导力。

3.全方位的HR管理经验

- 岗位跨越与全方位能力：该人选在人力资源领域中的岗位跨越显示了其全方位的能力。她不仅在运营团队中有出色的表现，还在销售团队中展现了自己的专业能力。

- 关键项目的领导能力：她在短时间内带领团队成功地完成了公司两大研发中心的招聘任务及能力体系建设，使该公司成为在中国拥有最大研发中心的运营公司，并奠定了公司在该领域全球的重要战略。这一成就不仅体现了她的战略眼光，也反映了她的高效执行力和团队协作能力。

- 高智商与高情商的体现：在快速变化的工作环境中，她能够迅速适应并解决问题，这体现了她的高智商和卓越的分析能力。在与不同层级的员工和管理层的互动中，她展现了出色的沟通和协调能力。这为她赢得了广泛的信任和支持，使她在组织中发挥了关键的作用。

以上我提到的CFO和CHO这两位候选人目前仍然活跃在一线，都在知名企业里担任高管。他们之所以到了45岁甚至更高的年龄依然能做得如此出色，就是因为他们在大学毕业时就有一个明确的方向。他们的事例告诉我们，职业生涯的成功不仅需要高智商和高情商，更需要坚韧不拔的毅力和不断挑战自我的勇气。他们用自己的行动证明了，只有不断超越自我，才能在职业生涯的道路上走得更远、更稳。

小结语

发掘高潜力人才需要精准的判断和细致的观察，而CFO和CHO的案例则为我们展示了企业高层管理者在职业发展中的智慧与策略。

大学毕业后前5年的工作方向至关重要，一定要努力进入一家大的企业，在选定了行业和职位方向后就要稳定、持续地坚持下来，同时还要有很好的学习能力。

第三节 | 通过简历识别伪装的"人才"

简历就是一块敲门砖，是我们了解候选人的第一关。对一份简历的精准识别是一名招聘官必须掌握的基本能力，也是区别普通招聘官与金牌招聘官最重要的标准。

在这个网络发达的时代，但凡有过面试经历的人，可能都懂得如何美化简历，而且有一些机构会辅导候选人写简历，他们懂得运用数据呈现结果，知道如何能让他们的工作经历使HR眼前一亮，觉得这就是企业需要的人才。然而，"假"的真不了，面试官可以用慧眼来识别虚假的简历。

一、简历造假的几种类型

- **学历造假**：可以通过学信网核实学历的真实性；
- **工作经验、工作职责与职位造假**：面试通过之后可以对过往的工作经历进行背景调查；
- **工作时间造假**：为了满足招聘职责中工作年限的要求以及体现自己工作比较稳定，某些候选人往往会刻意延长在某公司的任职时间；
- **工作或受教育时间的连贯性造假**：需要仔细查看简历上每份工作（项目）的起止时间，发现多项工作（项目）时间重叠或教育经历重叠及时间间断等异常情况，都需要重点关注；
- **薪资造假**：可以让求职者提供薪资流水；
- **职业资格造假**：通过职业资格鉴定中心验证；
- **离职原因造假**：对前任职企业做背景调查，或通过熟人了解。

二、通过简历识别真伪"人才"的实用技巧

1.识别职位与工作经验的不符

一份精心制作的简历通常难以发现破绽，但仔细阅读，总会发现一些端倪。例如，一位候选人的毕业年限仅为三年，但简历上的职位却标注为总监或副总监，这往往是一个明显的疑点。在如此短的时间内取得如此高的职位，要么反映候选人夸大其词，要么暗示其所在的公司可能规模不大或是初创企业。因此，对于这种"跳跃式"的职位提升，招聘者应当格外小心，应进一步深入核实候选人的实际经历和能力。

2.评估学历与职位的匹配度

除了职位与工作经验以外，学历背景也是判断简历真伪的关键。如果一位候选人的学历与所申请的职位存在显著的不匹配，如高学历却申请低职位，或低学历却声称拥有高级别的管理经验，这些都可能是简历"注水"的迹象。这时，招聘者需要更加审慎地评估候选人的真实能力和职业发展轨迹。

3.关注薪资与行业水平不对等的情形

薪资是评估简历真伪的重要指标之一。如果求职者所声称的薪

资远高于行业正常水平，这往往是一个警示信号。招聘者应该根据行业薪酬特点、岗位薪酬特点，以及大企业的模块细分等特征，对薪资进行合理评估。对于薪资异常的情况，建议提前进行背景调查，以确保简历的真实性。

4.警惕无缝衔接的履历

"无缝衔接"履历也是一个需要警惕的信号。实践中，求职过程往往不是一帆风顺的，很少有人能够在短时间内从一份工作无缝过渡到另一份工作。如果一个候选人的每一份工作都与上一份工作紧密相连，几乎没有任何间隔，这很可能是一份经过精心包装的简历。对此，招聘者需要进一步核实，评估其真实性。如果真相确实如此，那么任用这样履历的人也存在较大的风险，因为很可能他的每一份工作都是在骑驴找马，并没有塌下心来的想法。

5.警惕候选人简历"注水"行为

不久前，我团队的一名顾问向客户推荐了一份简历，客户随即指出，这位人选在之前的面试中提交的简历与我们提供的版本存在差异。具体来说，人选在某些公司的任职年限上做了"加法"。

我在担任深圳某A股上市集团招聘总经理时，也曾遇到过类似情况。当时，我们面试的是一位应聘副总裁职位的候选人。由于我多年来专注于高管招聘，在企业内部和猎头公司都有丰富的经验，手中掌握着大量高端人才的简历，我发现，这位人选在我人才库中的简历与提交给公司的版本存在出入，其中一段工作经历被刻意忽略了。当我质询时，他竟坦然表示："因为我在那家公司工作的时间不长，所以将那段经历与后面的合并，拉长了整体的工作时长。"他的坦然让我很震惊，作为企业的招聘总经理，我自然不能协助他进行这样的操作。

6.过于完美的简历反而不真实

在招聘过程中，如果遇到一个候选人的简历几乎完美匹配岗位的所有要求，招聘官应该保持警惕。这种情况很有可能意味着候选人针对该职位精心制作了简历，甚至可能研究了企业的招聘信息并对简历进行了相应调整。一份过于完美的简历可能隐藏了真实情况，候选人可能在某些方面并不如简历中描述的那样出色。

现实中，几乎不存在完美无缺的人，因此过于美化的简历很可能经过了一定的加工。招聘者应该关注那些关键细节，如教育背景、工作经验、技能和成就等，以判断简历的真实性。

随着技术的发展，特别是大数据的发展，互联网的记忆能力越来越强，只要候选人的简历曾在网络中出现过，以后即便他把简历重新修改了也会有被更改过的记录。

小结语

作为企业的招聘官，既要锻炼好自己的招聘技能，也要利用好各种互联网技术来识别虚假简历，以避免因选人不慎而给企业带来损失。

DISCERNING ABLE PEOPLE

第二章

智慧选人：选择人才要做到精准定位

第一节 ｜ 企业如何精准定位所需人才

企业的发展离不开人才的支撑。历史上，刘邦、刘备和曹操等领导者都深知人才的重要性，并通过精准的人才定位，知人善任，实现了自己的伟大目标。刘邦有"汉初三杰"助其稳固江山，刘备则依靠"卧龙凤雏"和"五虎上将"打下蜀汉基业，而曹操更是以"官方授材，各因其器"的用人之道成就了一代霸业。

"知人善任"不仅是识别人才，更是对人才的精准定位。这包括了解人才的特长、优点和适应的岗位。就如同曹操，他深知崔琰、毛玠的清廉正派，因此让他们负责选拔官吏；而枣祗、任峻的任劳任怨，则使他们成为屯田的最佳人选。

这些历史都告诉我们人才的重要性，在选拔人才的过程中一定要重视"人岗相适""人尽其才"。否则很可能造成人才的"水土不服"，不能很好地发挥人才的效益。

对于现代企业而言，精准定位所需人才同样至关重要。企业需要根据自身的业务特点、发展阶段和战略规划，明确所需人才的类型、能力和数量。通过构建科学的人才评估体系，结合内外部资源，企业可以更加精准地识别并吸引合适的人才，为其持续发展提供源源不断的动力。

我经常听HR诉苦，说现在公司很难招人，大多数时候招不到人，好不容易招到的人没干多长时间就走了，更可恨的是，有的刚培训结束就由于各种原因离开了，对于公司来说，损失惨重！为什么会出现这样的情况呢？

一、警惕"急招急辞"的招聘陷阱

大家一定听说过关于扁鹊行医的故事吧。

魏文王问名医扁鹊："你们家兄弟三人，都精于医术，到底哪一位最好呢？"

扁鹊答："长兄最好，中兄次之，我最差。"

魏文王再问："那么为什么你最出名呢？"

扁鹊答："我长兄治病，是治病于病情发作之前。由于一般人不知道他事先能铲除病因，所以他的名气无法传出去，只有我们家的人才知道。我中兄治病，是治病于病情初起之时。一般人以为他只能治轻微的小病，所以他的名气只及于本乡里。而我扁鹊治病，是治病于病情严重之时。一般人都看到我在经脉上穿针管来放血、在皮肤上敷药等大手术，所以以为我的医术高明，名气因此响遍全国。"

魏文王说："你说得好极了。"

扁鹊行医的故事给我们的启示：事后控制不如事中控制，事中控制不如事前控制。可惜大多数的企业管理者未能体会到这一点，等到错误的决策造成了重大的损失时才寻求弥补，但大多数是亡羊补牢，为时已晚。

类似现象在我们身边时常发生，企业用人就是活生生的例子。不少企业都存在这样的问题：好不容易招来了人，没过几天就走了，离开的人中既有主动辞职的，也有被动辞职的。对于任何企业来说，这样的情况都是致命一击。究其原因，就是企业在用人之前没有想清楚要招什么样的人、要招的这些人需要解决什么问题、人选入职后该如何用好他们等。而是招人太急，尤其是企业业务扩张期，领导者一声令下，HR就会一窝蜂似的招人，"萝卜快了不洗泥"，只要能把人"忽悠"进来就行，在招聘人选之前，既没有做人员需求计划，也没有做人才画像，不是因为这个岗位需要什么样的人而去匹配，而是因为领导者需要赶紧进人而去招人，为了招人而招人，因事设岗，而不是因人设岗。等到好不容易招到人选后，又因为人选达不到领导者的预期而被迫离职，或者因为面试之前的承诺并没有兑现而离职，造成的后果是年初大批量地进人，年末却需要大批量地裁人，而部分候选人也会因为"水土不服"而选择离开。

这种现象在企业中普遍存在，特别是在其快速扩张阶段。这种"急招急辞"的循环不仅增加了企业的招聘成本，还影响了团队的稳定性和企业的声誉。

举例

在"双碳"风潮下，光伏近两年成为火热赛道之一，各路资本加速涌入光伏领域，跨界者可谓不计其数、鱼龙混杂，而光伏内部的企业竞逐也十分激烈。在这种背景下，某知名光伏企业在2023年年初展开了大规模的招聘行动。鉴于TopCon电池（Tunnel Oxide Passivated Contact，隧穿氧化层钝化接触电池）和钙钛矿电池市场的蓬勃发展，该企业决定涉足这两个领域，并计划通过大规模招聘来扩大团队规模，以期在行业中崭露头角并加速上市进程。

然而，招聘过程中的一些问题逐渐浮现。由于企业在短时间内急需招聘3000名员工，因此HR、内部猎头以及外部猎头等团队陷入了繁重的招聘工作中。筛选简历、与候选人沟通、安排面试等环节耗费了大量的时间和精力。尽管企业投入了大量资源，但结果却不尽如人意。到了下半年，由于组织架构不明确、岗位职责不清晰等原因，企业不得不进行大规模裁员，甚至整个事业部被裁撤。

深入分析后发现，问题的根源在于企业在招聘前的战略规划不足。首先，企业未能充分考虑组织架构的合理性，导致招聘到的人才无法有效融入团队并发挥作用。其次，企业未能明确招聘人员的岗位职责和发展路径，使员工对未来缺乏明确的期望和规划。再次，面试官的频繁离职以及业务负责人过多地参与招聘工作也影响了招聘效果。最后，由于组织架构和人才匹配的问题，许多入职的员工不得不选择离开。

这个案例提醒我们，在招聘和用人方面，企业需要制定明确的战略规划，充分考虑组织架构、岗位职责以及人才匹配等因素。只有做好充分的准备工作，才能确保招聘到的人才能够为企业的发展贡献力量，实现企业和员工的共同成长。

二、不要过度追求全能者

在招聘过程中，还有一种常见的现象就是，领导者往往对高管职位抱有过高的期望。他们倾向于描绘一幅理想化、"高端大气上档次"的肖像，期望找到一位专业技能好、能力超群的"完人"。然而，在现实生活中，这样的"完人"几乎是不存在的。尽管HR和猎头团队不遗余力地寻找符合条件的人选，但领导者仍然可能会对他们的推荐提出各种挑剔和批评。

随着时间的推移，领导者可能会意识到自己的理想人选很难找到，因此不得不逐渐降低要求。在经过几个月甚至半年的搜索后，他们最终可能会招聘到一位高管。然而，在这个过程中，企业可能已经错过了其他更合适的人选，甚至可能因为长时间的招聘拖延而影响了业务的正常发展。

德鲁克在《卓有成效的管理者》一书中深刻指出："事实上，根据经验，容易找到的人才往往并非全才。我们任用的个体，最多只能在某一特定能力上表现出色，而在其他方面则可能表现平平。"[1] 这一观点强调了用人应着重于个体的优势，而非追求完美无缺的全能者。

在团队构建中，我们追求的是团队的有效协同，而非个体的完美无缺。每个成员都有自己独特的优点，关键在于如何将这些优点最大化，使团队的整体效能得到提升。因此，我们应该致力于发现并充分利用每个团队成员的优点，通过优化工作流程和合理配置资源来弥补个体的不足。

我认为这种"过度追求全能者"现象出现的根源在于企业事先缺乏一个清晰明确的人才定位。这就导致了企业在招聘过程中的迷茫和不确定性。由于没有明确的人才画像，HR团队在向领导者传达用人理念时缺乏底气，难以坚持正确的招聘方向。双方都没有深入思考招聘的真正目的，即为什么要招聘这些人？他们加入后能给企业带来哪些价值？能解决哪些核心问题？同时，企业也未能充分考虑候选人的成长和发展需求，以及他们能从这份工作中获得什么机会和成长空间。这种缺乏双向思考的做法，使招聘过程变得盲目和低效，最终可能影响到企业的整体发展和运营效率。

---

[1] ［美］彼得·德鲁克:《卓有成效的管理者》,许是祥译,机械工业出版社2005年版。

小结语

选拔人才时，企业应坚守"人岗相适"和"人尽其才"的原则，并需有清晰的人才画像，明确所需核心能力，以确保招到的人员能精准匹配岗位需求并为企业创造价值。同时，还要考虑人才的成长性和发展潜力，以确保团队持续进化。

第二节 ｜ 如何实现企业人才的精准定位

选才不能盲目，首先要锁定目标，要目标选才，给人才一个准确定位。对于一个企业来讲，需要做的第一件事就是招人，那么如何高效地招人呢？

首先要清楚了解每个候选人。仔细看候选人的简历，看他过往的经历、工作职责和工作业绩，以及他每一次换工作的职业动机。我们可以从候选人的职业动机、职业优势、职业风格等三个方面进行考核。

一、职业动机

有不少面试官感叹现在的招聘越来越难做了，在面试过程中很难判断候选人的职业动机。原因何在？就是因为面试官把大部分的时间和精力都放在"冰山上"的一些硬性条件上了，如专业知识、业务能力和工作业绩等；却忽视了"冰山下"更重要的问题——候选人的职业动机。职业动机才是影响一个人能否适应新的岗位、能否在公司稳定且持续地工作下来的一个重要因素。当候选人有强烈的职业动机，非常渴望来到这家公司工作时，他就会非常谨慎地查阅该公司的信息资料，了解公司的业务范围、盈利能力及行业口碑，了解该职位给他带来的价值以及他未来在公司的职业发展情况等。这些情况都了解清楚后，一旦选择加入该公司，他就能很快地适应公司的环境，即使在公司里遇到困难和挑战，也不会轻易放弃和跳槽。

如果候选人的职业动机不明确，他们就不会去思考该企业是否适合自己，只是为了换工作而跳槽，或者只是盯着收入高、离家近、公司的名气大、有面子等，那么他进入该公司后，如果遇到挫折或困难，就容易产生消极的想法，很难适应新的工作环境，自然也会给公司的管理带来困难。因此，面试官在应聘人选之前一定要考察候选人的职业动机，了解其换工作的真实原因及他们为什么选择新公司，还有候选人未来3—5年的职位规划，他所期望的职业发展与新公司给予他的发展是否一致等。

因此，我们在招聘人才的时候，就要尽量提供给候选人合适的岗位，对面试官而言，需要考虑的是候选人想要的东西公司能否给予。如果公司给不到，或者公司能给予的并不是候选人想要的时候，那么候选人无论看起来多么优秀，他都不合适，如果硬要把候选人"忽悠"进来，那么对公司和候选人都是不负责任的。

二、职业优势

从候选人的简历了解其教育背景，看他学的是什么专业，该专业和候选人当下的工作是否一致，如医药、人工智能、计算机、新能源的技术、研发等行业或岗位对教育背景和专业都是有要求的。通过面试了解候选人过往的工作业绩，看他过去都做了些什么，做成过什么事情，这些事情都是怎么做成的。通过列举候选人的工作成就和项目经验，看其在该领域的专业水平和实践经验如何。

再看候选人是否具有良好的语言能力，在全球化的时代，语言能力已经成为一个必要的技能。看候选人是擅长英语、日语还是其他的小语种，看他是不是一个具有全球化视野的人才。

三、职业风格

职业风格包括性格、气质和情绪三个方面。

职业能力是决定一个人在职业中取得成就的基本条件，它由体力、智力、知识、技能四个要素构成，只具备能力是远远不够的，职业风格测试能反映一个人的工作方式，帮助企业找到合适的人才。

小结语

对人才的精准定位是招聘过程中至关重要的一步，它能够帮助企业找到最适合岗位的候选人，提高员工的匹配度和绩效，在选择人才之前一定要有清晰的用人标准，要把人员架构捋清楚后再开始招聘，不能仅凭自己的想象盲目选才。

第三节 ┃ 选择人比培养人更重要

到底是选人重要还是培养人更重要？对此，不同企业有不同的看法，记得在一场深入商业策略的培训课上，讲师分享了一个引人深思的数据："一个公司人才的成长，50%依赖于精准的人才选拔，30%受到绩效激励的影响，而仅20%依赖于培训。这意味着，选择人比培养人更为重要！"对此，我深以为然。对的人、合适的员工，不是培养出来的，而是选拔出来的，只有合适的一群人做合适的事情，才能成功。

我们在组建团队的时候，需要掌握一些方法和注意一些问题。在招募人才的时候，往往会犯一个错误：面试的时候，感觉这个人很不错，但是等人才加入团队之后，却不尽如人意。为什么会这样？出现这种问题的原因是什么？难道是我们不会看人？还是我们看走了眼？

我们需要深入探讨选人的核心标准。在作出录用决策时，我们依据的是什么？是候选人的专业技能、个人品质，还是他们的价值观与团队文化的契合度？

无论我们采取"定战略，搭班子，带队伍"还是"搭班子，定战略，带队伍"的管理模式，核心都在于有效地领导团队。团队建设的根基在于选择正确的人。如果选择的成员不合适，整个团队的结构就会不稳固，制定的战略也难以得到有效执行。

因此，在招聘过程中，我们必须确保实现三个关键匹配：人与岗位的匹配，确保每个成员都能够充分发挥其专业优势；人与团队的匹配，保证团队内部的和谐与协同；人与企业的匹配，让候选人的个人发展与公司的长远目标相一致。这三个匹配是实现团队稳定和高效运作的基础。

一、人与岗位的匹配

人与岗位的匹配，考察的是胜任能力。 评价一个人是否匹配岗位要求，首先必须要有匹配的标准、能力的标准和行为的标准，也就是说需要制定人才画像，越清晰越好，这个就需要招聘官和用人部门负责人一起来定标准、画人才画像，统一用人标准。

在评估候选人时，首先要关注的是他们是否具备岗位所需的基本素质，也就是"冰山上"的这个部分：他的知识、技能和经验是否符合岗位的要求？过往所做的事情是否与岗位符合？

其次看这个人有没有做这个工作的想法？对该工作是否感兴趣？这是一个用人的方向性问题。因为只有一个人内心想做这件事情，才能全身心投入把它做好。

最后看这个人管理、做事的能力如何？工作过程的管控能力如何？产出的工作业绩如何？

此外，在选择员工时，我们还应该关注他们的言谈举止、行为做派和穿衣打扮。这些方面的观察有助于我们判断候选人是否与公司的文化和价值观相符，以及他们能否融入团队。如果一个人在这些方面与公司的标准相去甚远，那么即使他们在技能上非常出色，也可能不是最合适的候选人。

当然，在招聘员工时，仅仅考察候选人的知识、技术、经验和能力这些"冰山上"的东西是远远不够的,"冰山下"的行为、特性才是更重要的,也是企业更看重的。但其不是仅仅靠一两个小时的面试就能发现和了解的,我们也需要通过一些测评工具、背景调查及面谈了解他/她的家庭背景、成长环境和工作履历,还有身边的朋友和同事眼中的他/她是什么样的,这样我们才能对他/她有一个良好的判断。

中国有句俗话,叫作"人尽其才,物尽其用",要实现"尽其才""尽其用",就要把人放到合适的岗位上。基于人岗匹配,就不能大材小用,举例来说,前台、行政专员、文员等基础性职能岗位,实际上一名具备基本学历和技能的大学毕业生便可胜任。若盲目追求高学历,如非要"双一流"的本科生或硕士生来担任这些岗位,便构成了明显的人岗不匹配,这无疑是对宝贵人力资源的极大浪费。

二、人与团队的匹配

人与团队的匹配,考察的是融入能力。在流程驱动的组织环境中,个体的沟通能力、合作意识及协同能力就显得尤为关键。

若员工在沟通上表现欠佳,则其不仅难以与团队成员建立融洽的关系,更容易引发误解和冲突。这种情况不仅破坏了团队的和谐氛围,还可能阻碍工作的正常推进。

同样,若员工缺乏合作意识,倾向于单打独斗,这样的行为模式往往会给人恃才傲物、难以配合的印象。人们可能会认为这样的人个性过强,难以相处,进而影响到团队的凝聚力和协作效率。在招聘高管时,企业往往不仅要求董事长与候选人进行沟通,还需要其他部门的高管共同参与评估。这样做的目的是全面考察候选人与其他高管的配合和协同能力,同时判断其能否满足团队的需求,并与团队成员实现有效的融合。

为了促进人与团队的匹配，组织在选拔和配置人才时，除关注个体的专业技能和经验外，还应着重考察其沟通、合作和协同能力。同时，通过定期的团队建设活动和内部沟通机制，增强员工之间的了解和信任，从而促进团队的整体效能和长远发展。

三、人与企业的匹配

人与企业的匹配，考察的是文化和价值观的匹配。它要求个体与企业在做事的方式、信念上保持高度一致，形成一种默契与协同。

在实际的招聘和管理过程中，我们常会遇到一些看似"虚"但实则至关重要的标准，如员工与领导者之间是否产生"化学反应"、个性是否合得来等。这些元素虽然在简历上难以体现，但却是决定员工能否融入企业文化、长期留在企业中的关键因素。

以某知名互联网公司为例，他们特设了"闻味官"这一角色，其核心职责就是识别和感受企业文化与个体之间的契合度。这种契合度并非单纯依赖于技能和经验，而是更多地关注个体的情感、态度和价值观。一个真正与企业价值观契合的员工，就像是"吃过猪肉"的人，和只"见过猪跑"的人相比，他们能够清晰地描述其口感和做法，因为他们亲身经历过、体验过。同理，我们也要评估这位候选人是否对科学管理体系有着深入的理解和实践经验，是否真正参与并主导过科学管理体系的建设等。所谓自己做过才会有亲身的感受，否则就只是拿来主义。

一位知名奶品创始人曾深刻指出："从人本管理的角度来看，人人都是人才，关键在于如何合理配置。"这句话凸显了人才管理在企业发展中的重要地位，特别是实现员工与岗位的匹配。一个成功的企业，其基石就是能够做好人才管理，确保每个人都能在最适合自己的位置上发光发热。

在实际的企业运营中，如果员工与企业的价值观存在分歧，即使短期内看似和谐，长期下来也必然会产生各种问题和矛盾。这就像一对热恋中的情侣，尽管在热恋期可能一切都很完美，但当热情退却，生活回归平淡时，价值观的差异就会逐渐显现出来，导致矛盾加剧。这也是我们常常听到长辈们强调"门当户对"的原因，相似的出生背景和社会地位有助于双方更好地磨合和理解。

同样，这种"门当户对"的理念也适用于企业和员工之间。如果企业与员工的价值观存在巨大的差异，那么无论员工的能力多么出众，其都难以在企业中找到真正的归属感，也难以为企业创造持久的价值。而一旦员工与企业之间的矛盾激化，不仅会对员工个人的职业发展造成阻碍，更会对企业的整体利益产生严重的损害。

价值观的差异不仅在工作中显得至关重要，实际上，在人际交往，尤其是友情中也同样扮演着核心角色。拿我的亲身经历来说，有些朋友与我日常相处融洽，共度时光、享受生活的点滴，然而，一旦触及深层次的话题，如时事讨论或对社会现象的看法，却惊觉彼此之间存在明显的价值观分歧。这种分歧如同隐形的鸿沟，逐渐暴露出来，使原本看似亲密的友情变得难以维系。

四、大公司的选人标准

成功企业的背后，往往隐藏着一套缜密而完善的人才选用和预留机制。在跨越百亿到千亿级企业的历程中，我深刻体会到大公司对人才的独特偏好。他们倾向于选拔那些拥有出色学历背景、大公司工作经验、稳定职业素养和良好形象气质的候选人。

更核心的是，大公司注重人才的匹配度。他们不仅要求人选与过往经历和现在的工作职责相契合，还强调成事能力的重要性。这种成事能力指的是能够真正为公司创造价值，实现目标的能力。当然，价值观和文化认同也是不可或缺的因素，它们确保了员工能够与公司同频共振，共同前行。

以国外的一家知名互联网公司为例，其招聘理念充分展现了其对人才的严格筛选。该公司创始人说，"宁愿放弃两位杰出的员工，也不愿录用一个表现不佳的候选人"。因为表现不佳或心机过重的员工可能会对整个团队造成负面影响，增加管理成本和压力。尤其在这样快速发展的企业中，他们无法承受因个别员工问题而带来的风险。这种理念不仅确保了团队的整体质量，也为企业的长远发展奠定了坚实的基础。

我认为人才选择的三大核心素质最重要的是：适应力、持续学习力和自驱力。

在人才选择的过程中，识别和培养具有适应力、持续学习力和自驱力的人才，是企业成功的关键。这些素质能够确保员工在面对挑战和变化时，能够迅速适应、持续进步，并始终保持高度的自我驱动力。

首先，适应力是人才选择中不可忽视的一项素质。在快速变化的商业环境中，员工需要具备快速适应新环境、新角色和新任务的能力。例如，HR转型做猎头时，不仅需要具备专业性，还需要适应从经营思维到交付思维的转变，并培养出销售意识。只有具备强大的适应力，才能在转型过程中取得成功。

其次，持续学习力是确保员工能够与时俱进的关键因素。在不确定的时代，变化是唯一的不变。因此，员工需要具备持续学习、不断更新知识和技能的能力，以适应不断变化的市场需求和行业趋势。具备良好的学习能力，不仅能够使员工在职业生涯中不断进步，也能给企业带来更多的创新和发展机会。

最后，自驱力是人才选择的另一项核心素质。自驱型的人能够寻找事情背后的意义，追求人生的意义感，并始终保持高度的专注和效率。他们像稻盛和夫所描述的自然型的人一样，对工作充满热爱，具有浓厚的主人翁精神。这种精神能够促使他们不断挖掘自己的潜力，突破自己的能力边界，为企业创造更大的价值。

人的性格与行为模式，往往深受过往环境与经历的影响，我们能做的只是把合适的人从人群中筛选出来，而不是把不合适的人教育好、培养好。

在找猎头顾问时，也是这样。我们需要找到那些有自驱力、自律性和坚韧不拔精神的人。别指望能把他们塑造成你心目中的完美人选，因为那几乎是不可能的。而那些大公司喜欢的候选人，通常是与公司文化相匹配、有相同价值观和目标的人。这样的人才更容易融入团队，为公司创造更大的价值。

小结语

人的技能、人脉、思维和眼界可以通过训练和实践得到提升，但真正决定一个人成为顶尖人才的是其优秀的习惯和自我要求。只有培养这些内在品质，才能真正在竞争中脱颖而出。

第四节 ┃ 不同行业的人才特点和人才需求

每个行业都有其独特的人才需求和特点，这与行业的性质、发展阶段和市场竞争态势密切相关。传统制造业和高新技术行业，作为两个具有代表性的领域，对人才的需求和特点各有千秋。

我本人经历过传统制造业、高新技术行业，下面就从这两个行业来谈一下人才的特点。

一、传统制造业的特点及人才解析

这一行业的产品或服务周期较长，意味着从设计到生产再到交付，需要经过一系列烦琐且细致的流程。产品的稳定性是其显著特点，经过严格的品质控制和测试，确保产品具备持久耐用的特性。相对较慢的更新速度，使得传统制造业更注重工艺的稳定与传承。此外，该行业的企业链条较长，从原材料采购到最终产品的销售，涉及多个环节和部门，因此需要更加细致地协调和管理。

在这种背景下，人员成为制造业的核心资源。由于产品或服务周期的长期性，人员有充足的时间对自己的知识进行整合与体系化，从而形成一套高效的工作流程。这也对人员的管控能力提出了高要求，他们不仅需要具备专业技能，还需要拥有出色的组织和协调能力。

在传统制造业中，人才需求的重点在于工艺技能、生产管理和质量控制等方面。这些行业通常需要具备实际操作经验、熟悉生产流程和工艺技术的专业人才。此外，随着制造业向智能化、数字化转型，对具备相关技术和创新思维的人才需求也在逐步增加。

当前，中国制造业面临技能人才的巨大需求。制造型企业尽管对技能人才的基本资历要求并不严苛，但对他们的工作态度和技能水平有明确要求。这包括吃苦耐劳、设备操作管理以及抗压能力等。为了满足这些需求，我们不仅需要完善人才培养体系，还需要激发年青一代对制造业的热情和兴趣，共同推动制造业的繁荣与发展。

二、高新技术行业特点及人才解析

高新技术行业以其迅猛的发展速度和不断的技术创新，引领着时代的进步。这个行业的产品或服务生产周期短，技术更新迭代迅速，企业内部链条紧凑高效，产品从研发到上市再到市场推广的速度都非常快。

人才需求的重点就在于研发能力、创新精神和跨界融合等方面。对人才的需求更加多元化和高端化，需要具备深厚的专业知识和技能，同时还能够不断创新和适应快速变化的市场环境。此外，随着技术的不断发展，对具备跨界融合能力和国际化视野的人才需求也在不断增加。

由于技术更新换代的速度非常快，企业通常需要面对一年1—2次的设备改造升级。这就要求员工不仅要具备深厚的技术基础，还要能够快速适应新技术，持续学习并不断创新。因此，高新技术行业对人才的需求，尤其是对高素质、具备创新能力的人才的需求十分旺盛。

以光伏行业中的技术产业为例，近年来随着P型电池效率接近极限，N型技术逐渐崭露头角，其中包括TopCon、异质结（HJT）、钙钛矿技术等。在这些技术中，TopCon电池的产业化进程尤为迅速，大量新增产能都聚焦在TopCon技术上。这也使得TopCon的研发专家成为市场上的热门招聘对象。

值得注意的是，TopCon技术是由"P型电池"产线升级而来的，因此许多厂家为了节约成本，会选择对TopCon进行持续的升级与改造，这就导致了技术人才的短缺，尤其是熟悉和精通TopCon电池技术的专业人才。由于TopCon是近几年才兴起的技术，市场上熟悉这一技术的人才相对较少，这使得企业在招聘时面临一定的挑战。

鉴于TopCon产能过剩的情况，光伏行业更加倾向于从其他相关公司直接挖掘经验丰富的TopCon电池技术人才。然而，如前所述，这类技术人才在市场上本就相对稀缺。更令人头疼的是，部分企业对这一职位的人选还有年龄限制，特别偏好"80后"，这无疑进一步缩小了人才选择的范围。同时技术壁垒的存在也增加了招聘的难度。因此，这个岗位的人才稀缺性和招聘难度都相当高。即便有一些表现优秀的候选人，一旦他们在某家公司工作稳定，且享受到不错的待遇，往往不愿意轻易跳槽。这也正是高新技术行业（尤其是光伏行业）中人才的一个显著特点。

小结语

每个行业都有其独特的需求和特质，对人才的需求也因此而异。在高新技术行业中，由于其技术更新迭代迅速，对人才的技术要求尤为严格。企业不仅看重候选人的现有技能水平，更重视其持续的学习能力和创新精神。

DISCERNING ABLE PEOPLE

第三章

面试甄选：怎样练就一双"火眼金睛"

第一节 ❘ 熟练运用面试法，快速甄别核心人才

一、面试常用的几种方法

通常采用的面试方法有以下几种：结构化面试、非结构化面试、行为面试、半结构化面试、情景模拟面试、压力面试等。

1.结构化面试

结构化面试即标准化面试，是指面试的内容、形式、程序、评分标准及结果的合成与分析等构成要素，按统一制定的标准和要求进行的面试。

这种面试可以根据职位的需求、相应的命题审阅候选人的简历，设计面试问题，往往有一个统一的标准答案以及评测标准。对同一个岗位的所有候选人，提出的都是相同类型的问题，面试官一般会经过专门的挑选和培训，结构化面试的方式比较有科学性。结构化面试更适合刚毕业的大学生及一些管培生、初级岗位的员工。

它就像流水线的操作工一样，按照既定的标准去提问，但缺点是临场性的程度低，比较呆板。

2.非结构化面试

非结构化面试亦称"随机面试"。所问问题无须遵循事先安排好

的规则和框架，面试官可以任意地与候选人讨论各种话题，或根据候选人提出不同问题，其实就是没有固定的模式，面试官可以随意地向候选人发问。但是这种面试对面试官和候选人的能力和素质都有很高的要求，它通常适用于职级比较高或者比较特殊的职位。

非结构化面试的优点是过程自然，面试官可以由此全面了解候选人的情况，候选人也感觉更随意和放松，更易敞开心扉。缺点是面试官提出的问题往往是随机的，问题整体比较分散，缺乏针对性，整个面试没有内在逻辑，全凭感觉。结构化和标准化程度低，候选人之间的可比性不高，影响面试的可信度和有效度。

3.行为面试

行为面试是招聘面试中较为重要的一种方法。

这种方法是通过了解候选人过往处理某些事务的方法，判断其做事、思考问题的习惯，个人的各项技能等，是否满足应聘岗位的需求。比如，问你目前所面临的挑战是什么，在挑战中你的任务是什么，你将如何处理等。从候选人的回答来考察他们是否有处理问题的能力，当他们遇见挫折和挑战时会如何应对。

行为面试相较于其他的方法有以下几个优势：

- **更为客观**：行为面试是面试官基于已有的胜任素质模型和各种素质的行为描述，对候选人的回答做出分析和判断的过程，因此会比较客观。
- **更具针对性**：在行为面试过程中，面试官可以根据该岗位的特点，让候选人告知过往他所做的事情，在这些事件中他扮演的角色是什么，他是如何完成这些事情的，并描述在整个事件中他所遇到的困难和挑战是什么，他是如何克服的等。
- **结果准确性**：行为面试关注应聘者在过去的事件中做出的具

体行为，面试官能根据候选人所表达的内容判断其能力和工作水平。

4.半结构化面试

这是介于结构化面试和非结构化面试之间的形式。面试官会在预先设计好的结构化基础上随机增加一些有针对性的问题。通过这种方式既可以保留结构化面试的特点，也可以提高面试的灵活度。

5.情景模拟面试

这是基于已发生事件对候选人进行考核，情景模拟面试会设定一定的情景，并在此基础上对应聘者进行一系列相关问题的考核，这种面试方法典型的提问是："假如你……"情景问题关注的是未来、侧重的是潜能。

情景模拟面试的特点包括：

- **真实感**：通过模拟真实工作环境中的情景，使应聘者能够更好地展示其技能和适应能力。
- **行为导向**：面试官关注应聘者在特定情景中的行为表现，而不仅仅是其经历或理论知识。
- **多样性**：可以设计多种情景，涵盖不同的工作任务、团队合作、客户沟通等方面，以全面评估应聘者的能力。
- **互动性**：这种面试方式通常是互动的，面试官可以根据应聘者的表现进行提问或调整情景。

情景模拟面试常用于需要特定技能或行为特征的职位，如管理岗位、销售职位或客服岗位等。通过这种方法，雇主能够更有效地判断应聘者是否适合该职位。

6.压力面试

压力面试的关键在于创造"压力",在提问过程中不断向候选人施加压力,来观察其反应。

二、熟练运用行为面试法

1.行为面试法的定义

行为面试法是一种基于行为一致性原理的面试方法,通过询问候选人过去的行为来预测他们未来的表现。

这种面试形式通常是结构化的,面试官会根据预先设定的能力指标或岗位要求设置问题,以确保面试的一致性和公正性,从而提高评估的可靠性。面试官设计的问题旨在引导候选人分享具体的行为事例,通常以"请举一个例子……"的形式提出,从而了解候选人在特定情境下的表现。通过关注候选人叙述的具体情境、任务、行动和结果(STAR方法),面试官能够全面评估其能力和适应性。因此,行为面试法因其科学性和有效性而被广泛应用于招聘和选拔过程中。

我认为每个企业的行为都是有基因的,当我们寻找匹配企业文化的人才、评估一个人才的时候,不能单纯地依靠他的行为来判断,还要结合他前雇主的企业文化来看。有些人的行为有着前雇主深深的文化基因的烙印。例如,我曾经给我所在的一家千亿级企业引进一位人力资源副总裁(Human Resource Vice President,HRVP),在我和她沟通、交流时感觉她非常专业、素质也不错,在世界500强企业、互联网大厂和创业公司都做过HR一号位,但是当我和CEO再次对她进行面试时,发现她在最后这家创业公司工作的这几年给她留下的烙印太深了，她所在的这家公司的CEO有点像大管家似的依赖她，使得她已经很难适应我所在的制造业公司的文化了。因为她并没有在同类型企业工作的经验，她始终认为自己的成绩来自目前这家公司，她有很强的决断意识，领导者说裁人她会立刻执行，过往她所接受的训练并没有技术含量，认知还是有些浅，不能随着环境变化而变化，不是在某件事情的运转过程中进行调整，而是以自己的认知去判断。另外，我觉得她在和CEO沟通时缺乏边界感和分寸感，他们之间貌似有一种价值观的碰撞，我感觉这位候选人是一个进攻型的人，缺少一种承上启下的状态，有些激进了，最终我们没有录用她。

因此，我们在招聘的时候不能光看候选人某个单一的行为，也要看他组合行为的表现。

如何判断呢？我们要给候选人设计一些行为方面的面试问题，主要是抓住关键事件来提问，因为这最能充分反映出一个候选人区别于他人的、稳定不变的性格特质，而这种特质最能帮助我们去分析和预测将来其工作行为风格与工作绩效；抓住关键事件来提问与追问，最能帮助面试官节省时间。

2.如何对关键事件提问

可参考以下我曾经问这位HRVP的几个问题：

（1）在过往的工作经历中，您认为比较困难和更具挑战性的事情是什么？举一个实例。在企业高速发展和下滑阶段，对HR是很有挑战性的，你遇到的挑战是什么？

（2）如果是招新人进来，新人与老人如何融合？如果是淘汰老人、引进新人，一定会有很多碰撞，你将如何解决？

（3）如何形容创始人CEO？你如何与他合作？日常的互动或大

事情如何推进？这样一个比较具象化的人，你如何与他共事？同时规避哪些红线？如何与CEO建立信任？

一定要注意：我们要关注的是应聘者过去的行为表现，以及其在这些行为表现中都是怎么做的。

3.行为式提问的注意点

行为面试法的基本句式非常简单，就是"请举例说明+具体的工作内容"。

下面我以面试采购岗位为例，面试官可以使用下面几个提问的形式：

- 请举例说明一下你是如何选择供应商的？
- 请举例说明一下你是如何看待供应商的体量和复杂度的？
- 请举例说明一下你是如何进行来料质检的？
- 请举例说明一下你是如何跟进订单的？
- 请举例说明一下你是如何进行数据统计的？
- 请举例说明一下你是如何看待采购廉洁问题的？

行为面试法的问题设置，不会是一成不变的，主要是根据简历中存有疑问、模糊、想深入了解的地方进行提问；面试官会在面试的时候，根据候选人的问题进行临时分析及加问。

行为表现背后隐藏的就是候选人潜在的能力，如何判断候选人潜在的能力与公司要求的能力是否匹配呢？可以用行为推测能力，用能力验证行为。

例如，你想了解候选人的沟通能力是否强。如何去做沟通能力的验证？你可以这样设计问题：

某某先生，您在过往的工作中有没有遇到过与上级意见相左的情况？一般候选人都会说"有"，你可以继续问：您是怎么处理的？

这就是左右为难的问题，这样的问题就是好问题。

在我过往的面试中，很多候选人都会提到自己有很强的沟通能力，如果你还想验证他们的沟通能力是否强，可以继续问：你能界定一下沟通能力是什么吗？有没有体现你沟通能力特别强的案例呢？给我们分享一下。如果候选人说了，面试官可以从STAR的四个维度去追问，就像剥洋葱似的，一层层地发问，最后你就能达到验证的目的。

行为面试法一般是以一对一的形式进行，也可以是多对一，即多位面试官与一位应试者。场地设置较为简单，可以是专门的场地，也可以是办公室或小型会议室，但基本要求是尽量安静、免受干扰。

三、有效利用情景模拟面试法

1.情景模拟面试法的定义

情景模拟面试法是一种面试技术，通过设置特定的情境或场景，要求应聘者在这些情境中展示其能力、反应和解决问题的方式。这种方法通常用于评估候选人在实际工作中可能会遇到一些挑战和任务时的表现。

情景模拟面试法可以追溯到20世纪50年代，其由美国心理学家茨霍恩等首先提出。他们认为，个体的目标和行为意向是未来行为的有效预测指标。在情景模拟面试法中，面试官通过设置特定的情境来观察应聘者如何设定目标、制订计划以及采取行动。这些行为反映了应聘者的动机、价值观和与职位相关的技能，因此其可以作为评估其未来工作表现的依据。该方法基于这样一个假设：一个人在模拟的或真实的环境中的表现，可以在一定程度上预测其在实际环境中的表现，也就是想法预测做法。

情景模拟面试法的原理是目标设置理论，假设"个体的意图和设想是未来行为的有效预测指标"（对候选人应聘潜能的开发和判断），通过询问一些非显而易见的问题，来展示候选人的真实意图。

情景模拟面试法侧重于候选人的价值观、做事风格和方法，招聘官的意图只有其自己知道。

2.情景式提问

通过提问可以了解候选人在各种各样的与工作相关的情形下会采用什么措施，通过引导式提问挖掘人选背后的一些特质及工作可能会带来的结果。

对于潜能型的人才：多问一些关于未来的问题，以及假设性的问题。例如，假如你入职我们公司的招聘部门，你将如何做招聘计划？预计全年完成多少职位？需要用什么样的方式、方法达成？

如果你想评估对方是否具备销售员的沟通能力，您可以这样提问：请您举出一个实际的例子，说明您是如何向一个陌生而又难搞定的客户解释咱们产品的某项复杂功能的？您是如何让陌生人对您产生好感，从而购买您的产品的？

看对方回答你的方式及内容，差不多就是后期他遇到这个状况时他所能处理的方式。

如果问假设性的问题，你还可以这样提问：

如果您入职我们公司担任薪酬激励总监，您打算如何给我们公司核心岗位的人员做股权激励？使用什么样的绩效管理工具？用什么样的方法做中、长期激励？

3.情景面试设计的四个关键

- **典型性**：一定是工作中最重要、最常见、最关键的活动。
- **逼真性**：越贴近工作实际场景，越有利于测出候选人的真实水平。不仅要求环境逼真、工作情景逼真，同时要求候选人处理问题的态度也要逼真。不能因为是面试，就特意做出某些改变。
- **合适性**：考察什么岗位、什么人员，就要做相匹配的情景模拟。
- **片段性**：一项工作从开始到结束，会有很多个环节，面试时不可能做到面面俱到。在考察时，要把它裁剪成多个片段，只把重要的片段拿出来，组合在一起即可。对于其他未被安排在内的部分，可以直接展示或跳过。

4.情景模拟面试的案例

用情景模拟法来检测候选人在遇到真实事情的时候，他的解决方案和他的真实行为之间是否存在差异，也就是其实际回答的和他所操作的是否一致。

比如，公司要招聘一名行政总监，由人力资源总监面试，在面试的时候，该行政总监对于会议的主持技巧、理论均有比较到位的讲解。但其是否真的具有这方面的能力呢？此时，可以找几个部门模拟一下，但这个模拟不能让这名候选人知晓。

在我们跟行政总监面试到一定阶段时，下属敲门：质量/项目会议即将开始，问人力资源总监什么时候参加，这位人力资源总监告诉下属，他马上就去，并邀请行政总监一起参加。去参会的路上人力资源总监提出希望行政总监临时客串一下他们的主持人，主持这个会议。

参会的人员包括"项目经理""质量经理""人力总监""副总经理",还包括几个打杂的"群众演员"。而人力资源总监领着应聘行政总监的候选人参加该会议,并且让行政总监主持会议,说是从外面邀请来的一位专业人士。大家就某个质量问题进行讨论,在讨论过程中甚至可以出现争论。行政总监就会议的进程进行监控及引导。

这就是真实的场景模拟,其实是考察该候选人在"会议主持"方面是否具有真实的技能。在主持过程中,参加的人员对该行政总监的表现打分,结束后,通过打分汇总,最后综合得出谁更适合该岗位。(注:该方法只是做个参考,不是唯一的录取依据)

情景模拟法,可以说是一场真实环境的推演。所以,参加该会议的人员要有一定的经验和专业能力。如果采用,则需要提前进行排练。

我以前所在的一家公司就和某咨询公司合作,让候选人模拟一天的管理者。这一天会有很多的突发事情,都需要应急处理,我们给了这家咨询公司几万元的费用,但仅仅是一天的模拟。

情景模拟和公文筐测试有相似的地方。公文筐测试只是文字上的模拟,而情景模拟面试法还需要有配合的"演员",这些演员一般是公司一些关键部门的负责人。

情景模拟可以设计得很全面,我只是给出其中的一个片段,作为例子讲解一下,至于其他的设计,可以根据自己公司里的职位要求再另行设计。例如,加上一些矛盾冲突。

情景模拟面试的种类非常多。我们常见的无领导小组讨论、角色扮演、案例分析等,都属于此类。

四、用STAR方式追问问题

在行为面试法中，追问是必不可少的。用STAR方式进行深度追问，以检查面试信息的真实度和表现优劣性。

基于STAR的深度提问

=把握清晰的用人标准+挖掘真实匹配的信息

=以素质模型发问+用STAR方式追问+结构化提问流程

人力资源管理专家吴建国曾经说过："STAR是一种结构化的行为面试法，经过反复锤炼，掌握这套技术之后，可以有效杜绝招聘中大部分的人为因素，让一般企业的人才识别率提升到60%以上。"

1.什么是SATR模型？

STAR是Situation（背景或情境）、Task（任务，也可以说是目标）、Action（行动）和Result（结果）四个英文字母的首字母组合。

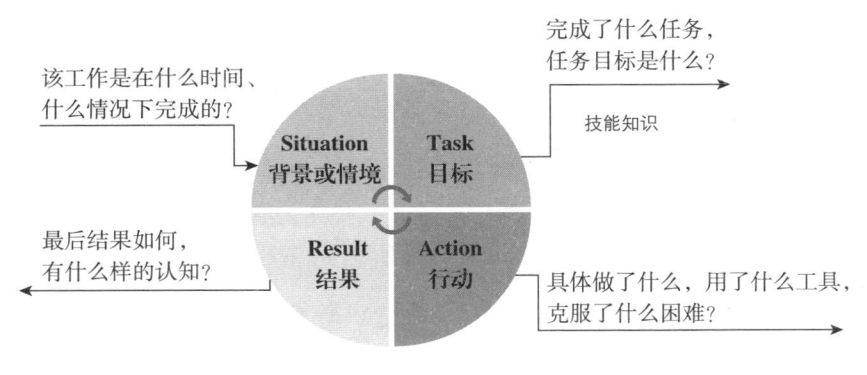

图3-1　STAR面试法则

2.STAR追问的具体流程

- 背景或情境（Situation）：首先，了解应聘者从事过的工作

（获得的工作业绩）所处的背景或环境。通过提问了解该工作是在什么时间、什么情况下完成的？通过不断提问了解与工作业绩有关的背景问题，可以全面了解该候选人取得优异业绩的前提，从而获得候选人取得的业绩有多少与他个人相关，有多少与市场的状况、行业的特点有关。比如，简历上写"他一年的销售额是1千万元"，那么招聘官要了解这1千万元是他自己完成的，还是和团队一起完成的？如果是个人完成的，那么是如何完成的？请举例说明。一定要了解他具体任务完成的过程，越详细越好。

- **目标（Task）**：其次，完成了什么任务，任务的目标是什么？要详细了解候选人为了完成业务工作都有哪些任务，每项任务的具体内容。通过这些招聘官可以了解候选人的工作经历和经验，从而确定他所从事的工作与获得的经验是否适合现在空缺的职位。

- **行动（Action）**：再次，要继续了解他为了完成这些任务所采取的行动。即了解他是如何完成任务的，他具体做了什么、用的什么工具、克服了哪些困难、采取了哪些行动等，以及他所采取的行动是如何帮助他完成工作的。通过这些，招聘官可以进一步了解他的工作方式、思维方式和行为方式。

- **结果（Result）**：最后，再来关注结果。即每项任务的最后结果或产生的影响，是好还是不好，好是因为什么？不好又是因为什么？

通过STAR追问的具体流程，一步步挖掘出候选人潜在的信息，为企业提供更好、更全面的决策参考，这不仅能为企业招聘到合适的人才，同时也能帮助候选人尽可能地展现自我、推销自我，从而达到双赢的目的。

招聘官是一个很有技术含量的工作，需要根据候选人的回答进行心理上的判断，这种判断就是来自对岗位的熟悉程度和对公司情况的了解，并结合招聘官本人的工作背景先给出一个基本判断，再针对候选人的价值观及处理工作的方法，给出一个价值判断。

一名优秀的招聘官，其价值观是与公司的价值观和企业文化高度吻合的，而他挑选出来的候选人也一定是适合该企业的。拿我来举例，我曾在一家A股上市集团担任人力资源储备总经理，我之所以能凭一己之力在6个多月内招聘10名高管，就是得益于我有十几年的高管招聘经验，而且都是在百亿、千亿级别的企业，又有在知名猎头公司工作的背景，在日复一日的积累和沉淀中拓展了人脉，在长期与人沟通交流中能快速判断出什么样的人适合我们公司。

因此，我在招聘人选方面逐渐练就了一种"直觉"，通过和他们沟通我就能判断候选人是否合适，而这种直觉就来自我长年的经验积累及对岗位需求的透彻领悟，所以我才能驾驭跨行业、跨领域的不同的高管职位。企业内部和猎头公司的经验练就了我招聘这项本领，我个人的心得就是一定要专注，持续深耕在某一个领域里，而且要用心去做招聘，"日拱一卒，功不唐捐"！招聘是一项非常长久的事业，想做好招聘，就要有长期主义的想法和打算。

另外，作为招聘官，我在《金牌招聘官是怎样炼成的》第一章中就提到过，招聘官最重要的素质就是人品和职业操守一定要好，所谓"物以类聚，人以群分"，如果招聘官本人是一位正直、敬业、专业的人，那么他也一定能吸引相同价值观的人加入公司。

小结语

本节提到了结构化面试、非结构化面试、半结构化面试、行为面试、情景模拟面试、压力面试等面试方法,如何针对不同的面试方法设计问题、如何用STAR方式追问问题等,掌握好这些面试工具,就能达到事半功倍的效果。

第二节 ｜ 运用冰山模型选人、用人

企业在招聘人才时，不仅要招聘到能够胜任岗位的人才，更重要的是，要把具有潜在高素质的人才招聘到企业中来，这些人才的潜在素质是企业兴盛发达的保证。那么如何能够招聘到具有高素质的员工呢？这里需要我们了解一个非常重要的冰山模型。

一、什么是冰山素质模型？

优质人才的挖掘自然离不开专业测评工具的使用。早在20世纪70年代，美国心理学家麦克利兰博士便提出了著名的冰山素质模型（以下简称冰山模型）。他将人员个体素质的不同表现形式划分为两类：看得见的"冰山在水面以上部分"和难以看见的"冰山在水面以下部分"。

其中"冰山在水面以上部分"包括知识、经验及技能，是人外在的、容易了解与测量的部分，也是比较容易通过培训来提高和改变的部分。"冰山在水面以下部分"包括角色定位、价值观、自我认知、品质和动机等，是人内在的、难以测量的部分。这些往往是人们不容易察觉到的特质，这些特质在成年后也很难被改变，"江山易改，本性难移"。人的性格和行为习惯一旦形成，长大以后再改正过来是非常困难的，这些特质对每个人的行为和表现均起着至关重要的作用。

[图示：素质体系的冰山模型，从上至下依次为：知识、经验、技能；角色定位、价值观；自我认知；品质；动机]

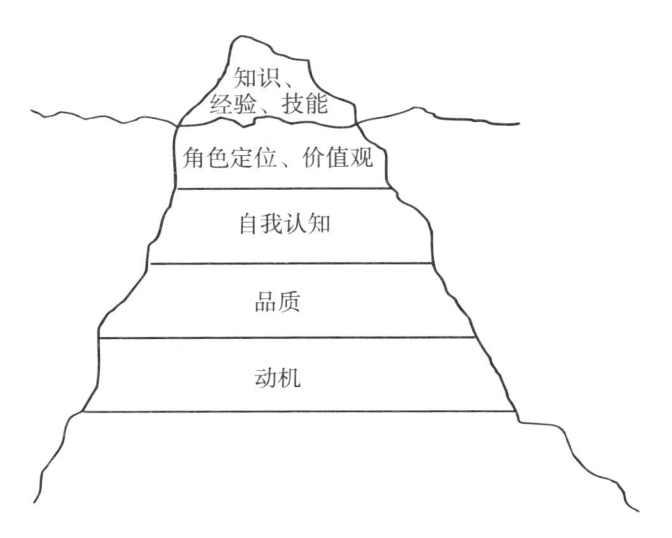

图3-2 素质体系的冰山模型

通过冰山模型，我们能够洞察到人才的显性特质和隐性特质。显性特质，即冰山在水面以上部分，是人外在的、容易观察和测量的。例如，在招聘过程中，我们可以通过观察候选人的外在形象、气质、穿衣风格和行为举止来初步判断其社会阶层和教养水平。同时，简历上的教育背景、培训经历和工作经验等也是显性特质的体现，这些都可以通过面试、测评等方式在较短时间内进行评估。

然而，冰山模型中最关键的部分是隐性特质，也就是冰山在水面以下部分，包括角色定位、价值观、自我认知、品质和动机等。这些隐性特质是人才内在的、难以观察和测量的部分，但它们对于一个人的行为和长期表现有着深远的影响。这部分特质不容易受外界影响而改变，却是企业在选拔人才时最为看重的。

隐性特质决定了一个人在工作中的态度、行为和长期表现。一个有着正确角色定位和价值观的候选人，能够更好地融入组织文化，与团队协同合作；自我认知深刻的人，能够明确自己的优势和不足，从而不断进步；具备优秀特质的候选人，如沟通能力、领导能力、创新思维等，能够在工作中脱颖而出；而动机强烈的候选人，对工作充满热情，能够积极面对挑战，为企业创造更大的价值。

二、为什么要用冰山模型理论？

下面我再对冰山模型各要素在心理学的领域给你们做一个定义介绍，为了方便你们的阅读和理解，我做了比较通俗化的编辑整理：

- 技能（Skill）：指一个人完成某项工作或任务所具备的能力。比如，表达能力、组织能力、学习能力等。
- 知识（Knowledge）：指一个人在某一领域拥有的经过总结与凝练的系统的认识。比如，对事物的本质、特点、关系的描述或对事物运行规律、方法、流程的总结等。
- 角色定位（Role Definition）：指一个人基于态度和价值观的行为方式与风格。比如，管理者、专家、教师等。
- 自我认知（Self Cognition）：指人对自己的认知和看法。比如，自信心和乐观精神等。
- 特质（Trait）：指一个人可表现于许多环境的、相对持久的、一致而稳定的思想、情感和动作的特点。比如，正直、诚实、责任心等。
- 动机（Motive）：指在一个特定领域的自然而持续的想法和偏好（如成就感、亲和力、影响力），它们将驱动、引导和决定一个人的外在行动。
- 价值观（Value）：指一个人对事物的是非、重要性、必要性的价值取向。比如，合作精神、契约精神、乐观精神等。

我们基本上可以把特质理解为一个人从小就形成的特点，就如同那句老话——"三岁看小,七岁看老"。

由动机和特质构成的潜力,是指可以预测一个人的成长性及发展前景的特质。通常用于预测在未来岗位所能获得成功的可能性。一个人的动机和特质基本很难改变,这意味着潜力更多只能用于选拔,无法用于培养。

三、如何运用冰山模型理论选人、用人?

美国心理学家麦克利兰博士说:"**决定一个人在工作上能否取得好的成就,除了拥有工作所必需的知识、技能,更重要的是其深藏在大脑中的人格特质、动机及价值观等。**"[1]

冰山下的素质之所以重要,不仅是因为其对个人业绩的影响长远,更关键的是,其一旦不匹配,所带来的负面影响往往是极具破坏性的,远大于冰山上不合适的人所带来的影响。知识、技能不达标,企业可以花精力来培养,通过一段时间的培训后就可以得到改善。但是如果一个人的价值观有问题,是很难发生改变的,而它产生的影响也会更大、更隐蔽。所以,企业在一开始选人时,尤其是对高潜、高管职位的人,更要关注应聘者冰山下的素质是否满足要求。

那么在面试的过程中,为了确保对冰山下的素质的判断更加可靠,我们来逐步了解冰山下每一层的特点,以及我们如何根据这些特点来判断人选的匹配度。

1. 角色定位

冰山下面的第一层是角色定位,通常来说,面试官在筛选简历

---

[1] [美]戴维·麦克利兰:《测量胜任力而非智力》,1973年发布于《美国心理学杂志》。

时就会选出符合职位要求的简历,面试时会了解候选人过往的工作经历和每一份岗位带给他们的职责和成就,然后会了解他们未来几年的职业规划,包括他们对应聘岗位的理解。这个目的就是要看候选人对自己的定位是否清晰、对该岗位的理解程度等。例如,你面试的是一位研发经理,你就可以让候选人聊聊他对所在行业的技术发展趋势和对前沿知识的看法,在提问和回答的过程当中,有经验的领导会通过候选人的思考和回答来判断他对行业技术发展的理解有多深刻。

2. 价值观

角色定位之后是价值观。很多公司要求候选人填写应聘登记表,就是为了全面观察其情况,而这些信息往往很容易被忽视,因为简历中的信息通常偏向于专业方面,而且一部分候选人会在简历中作假,捏造或虚构一些信息,如果我们的面试官在提问过程中不注意去引导候选人,可能也会造成候选人入职以后不适应工作,从而影响公司的运作效率。

(1)对于核心价值观的判断标准问题。

举例

某高科技企业在初创阶段,将"是否愿意接受海外任何艰苦国家外派"设置为面试申请表的必要选项。这一举措鲜明地体现了公司的价值观导向在人才筛选环节的核心作用。即便候选人的能力再出众,只要他们不愿接受这一挑战,就难以跨越进入第二轮面试的门槛。这一政策不仅是对外部人才的筛选,更是对公司内部员工晋升路径的隐形标准。缺乏海外外派经验的员工,在晋升之路上往往面临更大的阻碍，这充分展示了公司价值观在用人方面的坚定立场。

尽管近年来，该公司已经废止了传统的应聘登记表，并停止了对全体员工进行核心价值观的硬性评估，但在选拔和评估干部时，仍保留了一个关键问题："你愿意到哪儿工作？"无论是国内特定城市，还是海外某些地区，抑或全球范围内的工作调动，这一问题都在暗示着公司对干部期望的高度和广度。这一简洁却高效的标准再次凸显了公司对干部影响力的重视。

该公司的核心价值观包括：①"以客户为中心"，始终将客户的需求和满意度放在首位；②"以奋斗者为本"，尊重并嘉奖那些为公司付出努力和奋斗的员工；③"长期艰苦奋斗"，鼓励员工具备长远眼光，为公司的持续发展不懈努力；④"坚持自我批判"；⑤"开放进取"；⑥"至诚守信"；⑦"团队合作"。这些价值观不仅贯穿于公司的日常运营和人才培养，更是推动公司不断前行的核心动力。

我曾在一家资产规模达千亿元的企业担任招聘总监，该企业的文化管理深受一家高科技公司核心价值观的启发，并以之为导向。在选人、用人方面，我们坚定遵循这家高科技公司的管理模式，认为候选人是否认同并践行公司的核心价值观至关重要，尤其是我们极度重视"坚韧不拔"的品质。其考量方式包括两个核心维度：一是对候选人在性格测试中表现出的"坚韧不拔"特质进行深度评估；二是通过面试过程中的直接沟通来观察与判断。

在面试过程中，我会设计一些具体问题，用于探测候选人在面对挑战与困境时的应对策略和心态。同时，我也会观察他们是否具备强大的心理韧性。因为我深知，内心脆弱的人是无法适应高强度、高效率的企业氛围的。此外，对于在薪酬问题上斤斤计较的候选人，我也会审慎考虑。因为我认为，真正能与公司共患难的员工，是不会过分计较短期利益的。

我也深知，候选人的成长经历、家庭背景以及受教育程度等因素，都会深刻影响其工作态度和职业选择。因此，作为金牌招聘官，我在评估候选人时，已经不仅仅局限于他们的专业技能和工作经验，而是更加注重他们的价值观是否与公司的文化相契合。因为在我看来，一个人的价值观才是决定其能否长期、稳定地为公司贡献力量的关键因素。

有些人尽管能力很强，但可能并不适应变革或创业期的公司环境，他们更适合稳定、大型的成熟企业。相反，有些人虽起初能力不显，但他们的踏实态度和愿意学习的精神使得公司能够通过有效的培训体系来激发他们的潜能。这样的员工不仅能为公司带来长期的价值，而且稳定性更高，这就是把对核心价值观的考评前移到招聘环节的巨大作用。

面试可作为文化价值观考核的第一道关卡。作为公司的创始人，我强烈建议他们多花一些时间和精力在人员招聘上，任何创业项目，缺少了合适的人才，都极难成功。这需要创始人亲力亲为，因为只有创始人亲自参与，才能更准确地判断一个人是否与企业文化和愿景相契合。例如，许多知名企业的创始人，在初创阶段都亲自寻找合伙人，这是因为高端人才的吸引和匹配需要更多的深度沟通和相互理解。这些深度沟通不仅涉及对候选人技能和经验的评估，更涉及他们与企业文化、价值观的匹配度。在此基础上，创始人还需根据双方的沟通情况，亲自制定合适的职位和待遇，以确保候选人能够充分融入团队，为公司带来长远的价值。

招来的人，必须气味相投，就像该电商公司有专门的闻味官一样，建议创始人最好和新加入的员工沟通一番，去品一品这个人是不是你们同类的人。所谓"物以类聚，人以群分"，对于任何一家企业来讲，其核心干部，必须是"味道"一致、同频的人。与候选人沟通的第一印象至关重要，要感受双方之间是否有强烈的"化学反应"，即是否有共同的目标和追求。此外，还需要仔细考量彼此的价值观是否契合。在评估过程中，直觉也是不可忽视的因素。然后看彼此的价值观是否一致。人与人之间是讲究缘分的，有些人刚刚见面，就如同老朋友，有些人相识多年，却无法交心，所以直觉也很重要。根据我的经验，那些与企业文化"味道"不符的员工，往往在短时间内便会离开，或者在工作过程中暴露出种种问题。因此，新员工与企业的"味道"一致，是确保团队稳定性和企业持续发展的重要因素。

传闻中，某高科技公司的 CEO 在人才招聘上投入了大量时间和精力。据说在第一年，他亲自面试了 100 位候选人，并持续与他们保持沟通，力劝他们加入。这位 CEO 深知，每一个选择加入团队的成员都是企业未来成功的关键。

同样值得一提的是，一家知名的通信公司在 1992 年成立之初，其 CEO 也亲力亲为，逐个儿与员工沟通，传达公司的愿景和未来发展方向。他坚定地相信，只有让员工深切理解并相信公司的使命，他们才能全心全意地投入工作，与企业共同成长。这种对人才的尊重和重视，无疑为公司的长远发展奠定了坚实的基础。

（2）如何考察研发、技术等人员的价值观？

在考察研发或技术人员的价值观时，经验丰富的面试官通常会巧妙地设计面试问题。例如，同时抛出两个问题：询问候选人对于公司研发产品的看法和建议，以及他们如何看待加班现象。这是因为做研发和技术的人员通常需要投入大量的时间和精力在产品上，加班也就成了他们工作的一部分。

一个真正优秀的人才，会在回答中展现出对公司产品的深度思考和对技术的敏锐洞察，他们会关注公司的业务发展方向，并提出建设性的意见和建议。他们的关注点更多地集中在如何为公司创造价值、如何推动产品进步上。相反，如果候选人过多地关注加班的频率、周末是否加班等问题，或者在初次沟通时就直接询问薪酬待遇等敏感话题，这可能反映出他们的一些价值观倾向。虽然这并不直接意味着他们是不好的候选人，但从他们的关注点中，面试官可以窥见他们对工作的敬业度、钻研精神以及对薪酬的重视程度。

从公司的角度来看，当然更倾向于录用那些真正热爱工作、愿意为公司创造价值、愿意投入时间和精力去研究产品的候选人。因此，在面试过程中，面试官需要敏锐地观察候选人的回答和关注点，以便更好地评估他们是否与公司文化和价值观相契合。

3. 自我认知

冰山下面的第二层，即自我认知层面，一个人的自我管理能力显得尤为重要。特别是在招聘职业经理人时，公司尤为看重候选人在这一层面的表现。一个具备高度自我约束能力的管理者，不仅能够有效地管理自己的行为，更能带领团队向着明确的目标前进，形成强大的战斗力。

举例

我曾面试过一位年轻有为的职业经理人，他在一家知名公司取得了骄人的业绩。然而，当他决定离开公司、踏上自主创业之路时，却未能充分预估市场上的竞争压力。他未能深入了解竞争对手的优劣势，选择合作伙伴时也没有经过深思熟虑，同时缺乏一套行之有效的营销策略。这些失误导致他的创业之路步履维艰，公司最终陷入了破产的境地。

近年来，这位年轻人重回职场，但其似乎并未能从过往的经历中吸取教训。尽管他拥有丰富的职业经验，但在职级上却鲜有提升，似乎在原地踏步。这个例子深刻地说明了自我认知的重要性，只有充分了解自己的能力、优劣势，才能在职场中稳步前行，避免重蹈覆辙。

4. 人的品质

冰山下面的第三层，即品质，是评估一个人最难以捉摸但也最为关键的层面。品质并非通过简单的面试或测评就能全面了解，它需要在工作中持续观察，并结合背景调查来验证过往的行为和经历。对于在背景调查中出现问题的人，我们应坚决不录用，因为品质问题往往与一个人的核心价值观和道德底线息息相关。

5. 人的动机

冰山下面的最后一层，即动机，这更是难以捉摸却至关重要的层面。动机是一个人的天性，它驱动着人的行为和决策。动机单纯而强烈，如同小孩对玩耍的渴望，它会让人不断地寻找方法和手段来实现自己的愿望。一个人的动机可以通过他的眼神、举止和对待事情的态度来感受。那些具有企业家精神的人，他们的动机往往来自内心深处的自驱力，他们不会被任何困难击倒，并会不断地寻找方法去克服它们。这类人具有强大的变革能力，他们能把别人眼中的不可能变为可能。

小结语

掌握好冰山模型，为我们选人、用人提供了很好的方法，能让我们把人挖掘得更加透彻。

第三节 ｜ 内外部招聘相结合，扩张招聘渠道

一、招聘渠道的变迁

自20世纪90年代末以来，企业招聘的渠道发生了很大的变化，至少经历了以下三个阶段：
- 纸质媒体、电视招聘、校园招聘、劳动力市场/人才招聘（1992—2005年）；
- 网络招聘、猎头和论坛（1995—2005年）；
- 新媒体、社群、领英、脉脉（2010年以后）。

随着人工智能的出现，可能会带来更多的变化……

短短20年的时间，企业招聘的渠道发生了翻天覆地的变化，从报纸招聘、人才市场等最为传统的招聘方式，演变成今天多样化、更自主的招聘。招聘也渐渐由2000年前的卖方市场逐步过渡到现在的买方市场，对有能力、有潜力和有资历的候选人来说具备更多的选择和谈判议价的机会，未来随着"90后""00后"的崛起及人口红利的消失，估计招聘会变成卖方市场，可能企业的HR需要哄着候选人上班，并开出高价吸引他们……

二、如何选择招聘渠道？

市场上有各种各样的招聘渠道，但是选择什么样的招聘渠道则取决于企业性质、规模、职位、人才类别等，在招聘实操中，招聘渠道的选择将直接影响招聘的效果。

1. 内部招聘渠道

内部招聘的方式通常有以下几种：

- **激活内部员工，全员招聘**：内部员工推荐是效率较高、效果较好的招聘渠道，可以发动公司的员工为企业物色优秀的人选，毕竟他们比任何人都了解自己的公司和文化，推荐的人才通常都能胜任。公司每次有中、高端职位的空缺时，都会第一时间刊登在其公众号和网站上，通过企业员工推荐，设置"内部伯乐奖"调动他们的积极性。员工推荐能提高招聘效率，招聘成本低、时间短。
- **内部竞聘**：采取内部竞聘的方式来挖掘内部人才，让有能力与岗位任职资格匹配的员工竞聘上岗，给予内部员工更多的选择，对竞聘成功的人员给予奖励，这种方式可以调动员工的积极性，发挥他们的潜力。
- **岗位轮换**："轮岗"。在公司内部对某些高潜人才、高管及高级技术人才进行岗位轮换，以便使其对公司的业务有更好的了解。轮岗制度是一种有效培养人才的方式，通过这种方式培养出来的人选对企业更加忠诚和信任。
- **离职员工返聘**：一些公司会专门建一个离职群，欢迎离开的员工再次回来工作，这些回来的员工能把在外面学到的工作方法带过来，也给公司补充了新鲜的"血液"。

- **进行储备人才**：人力资源部门平时最好能够对企业一些较为重要的工作岗位积累一些相应的人才信息，建立企业自己的人才库，定期维护、更新，把公司里的人才分门别类，从中发现高潜力的候选人，并与其建立良好的关系。
- **采用定向式招聘**：HR可以与用人部门进行沟通，了解行业相关公司的情况，以及其岗位的情况，采取"定向式招聘"的方法。具体来说，就是以同行业公司为目标，针对目标公司的相同岗位进行定向招聘。

2.外部招聘渠道

- **挖掘外部的人脉圈**：20世纪60年代，美国心理学家斯坦利·米尔格兰姆提出并验证了"六度人脉理论"，通俗的理解就是你通过六个人介绍就能够认识世界上所有的人，并与他们取得联系。广泛调动自己身边的人帮忙物色人选，可以在自己的朋友圈、社群、行业协会、各大论坛中识别人选。同时，熟人举荐的策略是要把你熟悉的人进行盘点，看看谁可能认识最好的人选，不要把时间浪费在不合适的人身上。
- **猎头（也称高管寻访顾问）**：其是帮助物色高管最重要的渠道，他们能为企业物色到高端的人才，而这些人才将对企业的利润产生巨大的影响。
- **清单猎寻**：这是最主动聚焦人才的一种方式。所谓清单猎寻，就是根据企业的用人需求，收集目标企业、竞争企业、行业协会等相关候选人的信息，使之形成猎取名录，然后逐一筛选，缩小目标人群，明确挖猎对象，进行定向挖掘。某知名汽车行业CEO曾说："我用表格列了一个很长的名单，一个个打电话去找。我打了90个招聘电话。"同时他还分享：其实抱怨找不到人的创业者是因为在找人上花的时间不够，找人肯定不是一件容易的事情，如果找不到人，就是没有花足够的时间。他认为找人不是三顾茅庐，而是三十顾茅庐。这位CEO就是懂得放下身价，真诚对待人选，不辞辛劳才能为自己招来那么多出色的人才，从而产生可观的业绩。

- **专业网站**：根据自己公司的行业特点，参考相关的行业网站。
- **行业交流推荐**：协会、论坛、会议、高校、活动等。

3. 新媒体的招聘渠道

- **微信朋友圈、社群**：我们可以在微信朋友圈、不同的社群发布职位信息，让朋友帮忙推荐候选人或转发招聘信息，极有可能A看到信息后，推荐给了有找工作需求的B朋友或者相关圈子里去。或者我们可以通过新媒体圈子里的粉丝或者朋友较多的人推广招聘信息，从而让更多的社交圈子看到。
- **短视频类、直播**：相信大家都知道视频类的平台，短视频平台近年来也收获了不少的流量关注，我们可以在短视频平台上发声，做垂直领域的KOL（Key Opinion Leader，关键意见领袖）。通过在短视频里发声，能让人知道你所在公司的情况、你个人的情况，你可以在视频或直播里发布职位，一条视频的播放量大、传播的速度也很快。
- **微信公众号**：公众号招聘是微信营销中最接近官方招聘的形式，在这种招聘形势下，企业的个性化展现能够更加丰富和多元化，他们认为你专业，自然会去关注你。

4. 招聘有捷径吗？

招聘之路上并无捷径，这是一项既持久又繁重的任务。招聘渠道需要持续维护与定期更新，与候选人的关系同样需要细心维系与持续追踪。特别是企业的人才库，必须依据职位、技能、行业等仔细分类，并定期与库中的人才保持互动，了解他们最新的职业发展动态。这种持续的努力和投入，能够逐渐建立起与候选人之间稳固而可靠的联系，形成一种相互吸引的"黏性"。

在招聘工作中，唯有不断扩展人脉，保持对候选人的持续关注，并紧密结合公司的业务发展需求，前瞻性地进行人才储备，同时精心打造个人品牌和雇主形象，才能实现事半功倍的招聘效果，更好地满足企业的用人需求。这是一条没有捷径的道路，但每一步的努力和投入，都将为企业的长远发展奠定坚实的基础。

小结语

根据不同的职位选择不同的招聘渠道，招聘是没有捷径可走的，只能不断地拓展人脉、持续保持学习的能力，经营好个人品牌，不断地修炼、完善自己。

DISCERNING ABLE PEOPLE

第四章

慧眼识人：巧用"望闻问切"的识人工具

第四章 慧眼识人：巧用"望闻问切"的识人工具

要做到"慧眼识人"，需要多年的功底来练就一双"火眼金睛"，积累、接触的人多了，自然就能摸索出一套方法来，它也是有规律和方法可循的，只要不断地反复实践，总可以找到识人、选人的良方。而给我最深的体会就是，慧眼识人和中医的"望闻问切"有异曲同工之妙。

"望闻问切"原本是中医学的名词："望"指的是观气色；"闻"指的是听声息；"问"指的是询问病情；"切"指的是摸脉象。

延伸到职场中，我把它重新定义为：望：察言观色；闻：闻声识人；问：从点到面综合考察；切："把脉"求职者。

第一节 ｜ 望：察言观色

望：看精气神、观察微表情。

从外观、气色看候选人的健康状况是否良好；通过对声音、表情、身体动作等进行观察和对比，你可以瞬间判定，对方是否在讲述内心的真实想法，如果候选人的动作、表情和语言不一致，则有可能说明他说谎了。

人的经历和工作习惯会在其身上留下痕迹，他们不经意间的行为举止就能暴露出他的一些性格秉性，一些经验丰富的人看一眼就会知道这个人是不是他需要的人。

比如，我在面试时，会给候选人一种亲切、自然的感觉，这样比较容易拉近自己和候选人的关系。在面试过程中，我会观察他们回答问题或交谈时的细节及其对一些问题的看法，从而判断其与公司的岗位及价值观的匹配度。

一些大公司的领导者在结束对高管的面试后，会邀请候选人一起吃饭，有时候还会邀请候选人的家属一起共餐，因为人在吃饭的时候会自然而然地放松，流露出平日的习惯，而这些习惯会体现在细节中，最能看出一个人的品质。

我们在生活中除积累一些常规的微表情常识外，也需要对长期交往的人多做观察，去观察身边这些人的言谈举止、行为做派，这样时间长了我们也能灵活地运用微表情识人。

一、如何分辨候选人真实的想法？

法国文学家狄德罗说过："**一个人，他心灵的每一个活动都表现在他脸上，刻画得很清晰、很明显。**"其实，我们只要观察对方的表情，并多注意对方的微反应，就能够准确地猜出对方的真实想法！

诚实的人通常都很开放、自在、轻松、镇定，而且能回应你的目光。不诚实的人通常会出现闪烁或游移的目光，坐立不安，脸会泛红、神情不自然等状态。

举例

几年前我面试过一位候选人，她申请的职位是我们公司的质量高级经理，当时我是该公司的招聘总监，她在做自我介绍及讲述之前的工作经历时比较正常也比较自然，就在我们沟通还比较顺畅时，她突然问了我一句："惠惠总监，贵公司对学历这块儿有什么要求吗？""统招本科。"我回答。然后她又问道："你们如何能鉴别出是本科还是专科？""可以上学信网查呀。"我回答道。她眼神有些游离，像是有心思。然后我马上问道："你是本科吗？"她说是的，但是却说得很不自信，也不太敢看我，脸都微微泛红了。我又问了她一些其他的问题。谁知面试快结束时，她又突然说道："惠惠总监，我在北京搬过很多次家，好像毕业证给弄丢了，如果我的毕业证丢失找不到了怎么办？"我说："你可以找学校开证明呀。"然后她说："你们还挺严格呀。"这一番对话下来，我最终没有录用她，因为我看穿她的谎言了，她一定不是本科。坦白地说，一个质量高级经理的职位，对一个拥有十几年工作经验的人来说，即使是大专也没有关系，但是这位人选太纠结这件事情，而且问问题和回答问题都是躲躲藏藏的，不诚实。估计她最终都没弄明白她之所以没被录用，不是因为她不是统招本科，而是因为她的不诚实、不坦荡。不诚实是人品问题。面试不就是看细节吗？可惜她的微表情及言语出卖了她。

二、读懂候选人的肢体语言

"肢体语言"在人际沟通中扮演着很重要的角色，对于第一次见面的候选人，我们可以通过解读他的肢体语言，了解他的个性、举止、心情和意识，获得有关其更多的延伸信息，而且这种延伸信息比直接从语言中获得的信息更真实、更可靠。心理学教授艾伯特·拉宾（Albert Mehrabian）在20世纪70年代研究得出，在人与人的沟通交流中，55%是肢体语言、38%是说话的语气，只有7%是实际讲话内容。这也是我们经常感觉到"电话面试效果远不如面对面的面试效果好"的原因之一。

面试的主要目的之一，**就是挖掘候选人在简历中并没有表现出来的真实的潜在能力和特质**。而对肢体语言的观察和解读，有利于提高面试效果的准确度，有助于我们更深层次地了解候选人，因为一个人的肢体语言揭示的是他真实和本质的一面。

在正式录用之前，招聘官与候选人之间的接触比较有限，在这有限的接触中，面试官要尽可能多地获取候选人的真实信息，因此必须学会"**听其言、观其行、察其色**"，不仅要看候选人说什么，还要看他怎么说。

在面试过程中，候选人的坐姿、手势、语音语调等面部表情，都能透露出很多信息，这些肢体语言具有先天性和习惯性，有时候比候选人说的话更加真实可靠。

小结语

通过"望"——察言观色、微表情及肢体语言等判断候选人的真实信息。

第二节 | 闻：闻声识人

闻：言谈、气息、表达、逻辑、反应。

我做了十几年的招聘，很多时候无须见到候选人本人，只通过电话端传出来的声音就能对其性格特点、表达方式和逻辑思维能力有所感觉。如果对方的声音是高昂、明朗的，可以判断出对方是一个爽快、开朗、积极的人；如果对方的声音比较沉闷、平稳，可能代表此人比较沉稳、谨慎；也有一些声音是慵懒、散漫的等。还有一些候选人能非常清晰地在短短的一两分钟内介绍自己，毫不拖泥带水；有些人却啰唆半天也不能清晰地表达自己，有时候还会出现答非所问的现象等，无疑这些人的逻辑是混乱的。

声音的强弱、快慢、高低、浑浊同样能显示出一个人复杂的内心情感，而且声音可以帮助面试官观察、了解人的一些基本性格和心理。

- **高亢尖锐的声音**：发出高亢尖锐声音的人，他们往往爱憎分明，容易兴奋也容易疲倦，比较激进。
- **温和沉稳的声音**：发出温和沉稳声音的人通常为人比较仁慈，但不是果断敏捷的人，属于心思缜密、比较爱思考的人。

小说《红楼梦》中，王熙凤的出场，就是"闻声识人"的经典例子之一。作者用"**丹唇未启笑先闻**"这句话来形容她，让读者清晰地想象出其具体形象、性格以及底色。

总之，说话声音大的人往往比声音小的人更自信，说话音调高的人往往比音调低的人自尊心更强，更有自我价值感。

通过声音的表达可以听出候选人的自信。一个人如果自信，自然而然就能清晰、自如地和面试官沟通，如果他做过这些事情并在这些事情上做出过成就，候选人就能驾轻就熟地叙述这些事情及整个过程。

小结语

通过"闻"——闻声识人，观察、了解候选人的一些基本性格和心理。

第三节 | 问：从点到面综合考察

问：用三维提问问出候选人的水平。

通过富有成效的"问"，可以大致了解对方的常识、知识、技能。通过开放式提问和剥洋葱式递进提问，把问题用点连成面。面试官通过问候选人"能做什么"问出对方的能力，通过候选人的简历询问他们过往的工作经历；"做过什么事情"问出对方的从业经验和阅历；"如何做的"问出对方解决问题的思路和方法，让候选人给出明确的案例；"工作成果和他人的评价"问出对方的业绩和成果，了解候选人在整个过程中是起主导作用还是起协同作用。这样就能由点到面到三维提问试探出候选人的水平。

一、面试官需要找到一个提问点

它是整个面试的核心环节，面试官既可以在审阅简历的过程中找出一些亮点和疑问点提问，也可以从候选人提到的经历中寻找他们的关键经历或事件。

例如，能列举一次您引以为豪的项目或任务吗？您是如何达成的？在项目中您扮演的是什么角色？最后是如何完成整个项目的？通过候选人对该问题的回答来判断此人做事情的风格，是否有逻辑性？思路是否清晰、缜密？工作能力怎么样？是单兵作战的能力强，还是协同能力强？管理的能力、带团队的能力等都能了解到。同时通过候选人的回答，也能了解到其能否用清晰明了的语言描述自己的专业或自己所做的事情，而且能把问题解释得很清楚，不懂行的人都能听明白。

二、采用不同形式的面试提问

面试官要在尊重候选人的基础上，采用开放式、封闭式、引导式和追问式相结合的面试提问候选人，从而考察其是否适合该岗位。面试官在面试过程中也要确保自己思路清晰、目的明确，做到对公司和候选人都负责。具体可从以下几个方面入手：

1. 开放式提问

以开放性的问题为主，因为这类问题有助于让候选人多说，提供更充足的信息，同时也能考核其条理性、逻辑性以及语言组织性，最重要的是分析问题的能力。

具体的问题可以这么问：

（1）最近这几年你为什么跳槽这么频繁，四年之内换了三次工作？

（2）对于您所应聘的这个职位，您知道最重要的职责是什么吗？您将如何保证工作目标的顺利完成？

还可以问有关动机式的问题，了解候选人为何更换工作、在工作中看重的是什么，以及其有什么价值观、职业发展规划方面的想法。

具体可以这样提问：

（1）你为什么离开上一家公司？

（2）你为什么选择我们公司？

2.封闭式提问

此类提问主要是核实简历的正确性，对于一些有确切答案的问题，确认员工的回答是否与纸质、电子简历一致。

比如，你在上一家公司担任的是什么职位？主要的工作内容是什么？你能说一下在该公司取得的成就是什么吗？也可以了解他团队的规模、工资、福利情况等。

3.追问式提问

此类提问主要考核的是候选人面对压力时的态度以及处理方式，尤其是在封闭式提问中发现不符合逻辑的问题时的处理方式，可以按照STAR结构逐步深入地挖掘细节、获取信息。

具体可以这样提问：

（1）你提到在上一家公司你用了不到一年的时间就打造了一个优秀的销售团队，而且带领团队完成了年销售额600多万元，你是如何做到的？

（2）你花了多大的成本做到的？你的上级领导满意吗？团队满意吗？

（3）团队完成这些任务后他们是否快乐？有什么收获呢？

总之，这里的提问要的就是追问效果，让候选人在回答时能清晰地说出来他是如何做到的。

4.引导式提问

所谓的引导式提问，主要是为了考察候选人的应急能力、辨别能力等。

比如，"你离开上一家公司是因为对领导者不满，觉得他不公平吗？""你为什么会觉得不公平？"

另外，面试官在提问时，还需要注意以下几点：

（1）一次只提出一个问题；

（2）提问尽量简短；

（3）注意用词，避免引起歧义，也尽量不要用专业性太强的词语；

（4）要问清楚候选人的真实情况和意愿；

（5）对于有一定难度的问题，面试官要有耐心，要给候选人充分的时间去思考。

5.补充提问

面试官针对没有了解清楚的信息做补充性提问，包括候选人的求职动机、离职原因、期望薪酬、兴趣爱好、入职时间等。

如果候选人爱看书，面试官可以通过其喜欢看的类型的书籍进一步了解其潜质。补充提问非常重要，它收集的信息可以辅助面试官进行面试评价，或者佐证面试官自己的判断、答疑解惑。

设计问题也很重要，根据工作岗位的需要和候选人的过往来设计问题，考察候选人能否胜任目前的工作及他们未来在工作上的潜力。

6.背景调查

还有一个"问"需要特别强调，那就是背景调查。这个"问"能够帮助我们进一步验证面试所得信息的真伪，并将用错人的风险降至最低。

小结语

通过"问"——从点到面综合考察，了解候选人过往工作履历的真实性，以及其求职动机、离职原因等。

第四节 | 切："把脉"求职者

切：切脉象。根据业务需求，分维度判断。

一、业务负责人：把控专业是否能用，是否好用？

业务负责人对该领域的专业知识、技能了如指掌，他会在面试过程中询问候选人在相关领域的学习和掌握程度，通过实操案例考察候选人对专业知识运用的程度；通过面试、笔试等方式来考察候选人对专业知识掌握的情况和深度；通过实际操作、模拟演练等方式来考察候选人的技能水平，再结合自己公司的业务情况，在专业和技术层面做好把关。

二、招聘官：把控需求匹配，是否有潜质，能用多久？

招聘官通过面试了解候选人在相关领域的从业经历，考察其过往的从业经历是否符合该岗位需求，以及其在从业过程中是否有卓越表现。综合"望、闻、问"所得的信息，能大致判断出候选人的性格特点、工作能力，以及其与岗位的匹配度等。

而通过"切"，要掌握的则是对方的潜在价值，如性格特征、求职动机、价值观等，这是较难把握的部分，但也是最为重要的部分。

所以"切"的功夫最重要，也最需要磨炼！

正如尼采所言："**世界是一面镜子，我们梦寐以求的第一件事情就是从中辨别出自己。**"世界上发生的每一件事、每一个现象，你对这些事件和现象做出评价，这个时候就是一个真实的你。当面试官和候选人沟通时，面试官问的通常都是候选人已经准备好了的问题，他们会揣摩面试官的心理，来迎合他们的想法，并说出他们想听到的答案，这个时候表现出来的反应就不是真实的。

那面试官用什么方法能判断出候选人的真实与否呢？那一定是在他们最放松、最自然的状态下说出来的话才是真实的。面试官可以就某一社会现象、某一个话题来和候选人沟通从而判断出他的价值观是否符合公司的价值观，当面试官和候选人自然沟通时，可以让候选人尽情表达，而他则默默地观察人选的行为和他的一举一动，在一个人没有任何准备、自然反应出对某件事的感觉、评判时，才是真实的，这可能比做测评更管用。

小结语

通过"切"——"把脉"求职者，了解其专业度及其与职位的匹配度，了解候选人冰山下的特性，从而判断其价值观是否符合公司的价值观。

DISCERNING ABLE PEOPLE

第五章

人才评鉴：评价中心技术

第五章 人才评鉴：评价中心技术

评价中心是人事测评的一种综合性方法，通过一系列科学测评手段对候选人的心理和行为特点进行评估，最突出的特点就是使用情境的测验方法对受测者的特点行为进行观察和评价。

主要是对候选人进行选拔或对现有的员工进行评估，因为通过一两次面试或模拟的情景考核人的潜质和素质是比较难的。我们很容易通过简历、面试了解候选人过往的知识水平、专业深度和性格特征，却很难了解候选人内在的动机、对知识了解的深度，以及他是否能把过往的经验应用于当前的实践中等。因为人是具有一定伪装性的，所以我们需要借助一些测评工具来了解候选人内在的潜质和素质，以及他们的知识和专业技能。

第一节 ｜ 标准化职业测试：科学检验与合理解读

目前，在国内大型企业里用得比较多的职业测评工具有霍根（Hogan）测评、MBTI性格职业测评等。

其中霍根测评，较多地应用于世界500强企业、国内大型企业等。

一、霍根（Hogan）测评

霍根（Hogan）测评是一套专业的、专注于性能相关行为的个性评定工具，该工具由霍根博士于20世纪70年代创立，是当今世界公认的在性格测评、领导力及组织有效性方面的权威。他一生专注于构建研究性格测评的理论框架（基于人类进化及适应的社会分析模型）的衡量并为此做出了巨大的贡献。1987年他与乔伊斯合作成立了霍根测评（Hogan Assessments），该公司专门为企业和组织提供人格测评服务。霍根测评被誉为第一个专门针对商业组织应用的人格测量工具。自2007年引进中国，便开启了霍根测评体系在中国企业人才管理方面的长期优质实践。

该测评工具主要包括高潜力人才签证计划（High Potential Individual visa，HPI）、霍根发展调查（Hogan Development Survey，HDS）和动机、价值观及偏好问卷（Motivational Values and Personality Inventory，

MVPI）等评估量表，可以应用于领导力发展、职业咨询和团队管理等多个领域。霍根测评的目的是帮助组织和个人了解自身在领导力、人际关系、动机和价值观等方面的特点，从而发掘潜力、提高绩效和促进个人成长。

与其他测评工具相比，霍根测评具有较高的准确性和可靠性，因为它基于大量的研究和实践经验，采用了科学的方法和先进的技术。同时，霍根测评也注重个性化和实用性，能够根据不同的需求和场景提供定制化的测评方案和解读报告。

霍根测评是一种专业、科学、实用的个性评定工具，为组织和个人提供了有力的支持和指导，帮助他们更好地了解自己和他人，提高绩效和实现成功。

1. 霍根测评引入国内

论及霍根测评，不得不提到上海因派而企业管理咨询有限公司（ELC）创始人，同时也是霍根测评中国区官方合作伙伴的张楠（Nancy老师），我和她在汉能控股集团相识，当时她给我们公司招聘的总监及高管进行了为期两天的Hogan课程培训，我们都受益匪浅！

Nancy老师有近二十年的人才选拔及发展领域的实践经验。她当时和我们探讨了如何把Hogan测评运用在关键岗位的选拔及潜力筛选中，带领我们一起思考和总结如何思考和定义关键岗位，对关键岗位做选拔时的思路，以及如何应对选拔过程中的挑战等。

2. 关键岗位甄选的基本思路及方法

关键岗位与职级不完全相关，当然核心管理层一定是重要的，但除了管理层以外，是否还存在一些岗位会对组织的整体绩效产生重要影响？

从外部的选拔角度来讲，可以考虑的方面包括：招聘的难度较大？岗位所需候选人需要具备的经验、技能、知识结构等是非标准化的或需要一个特定的过程才能累积。

一些新行业在进行岗位招聘时，市场也许根本无法找到对应的人才，如盒马鲜生在招聘时希望一些岗位的应聘者能同时具备零售企业、互联网企业甚至物流方面的经验就非常困难，尤其考虑到这几个业态在思考问题的视角和思路方面都相差较大。

从内部的选拔角度来讲，可以考虑的方面包括：培养难度吗？不可或缺的程度即失去对业绩所造成的代价。岗位成功所需的一些关键资源、人脉网络、专业知识、技能等。

对于选拔者来说，除了要考察候选人以外，还需要对岗位以及岗位的成功要素（profile of success）有比较清晰的了解才能进行有效匹配。

在考虑岗位匹配的问题时我们可以从以下两个角度来进行思考：

（1）Fit Based，即"适配"角度

通常适用于一些中基层岗位的筛选。

主要是因为中基层岗位工作内容的边界和确定性比较高，因此其成功要素更容易被定义。同时由于中基层候选人整体数量比较大，"适配"角度的方式也更高效。

主要参考的报告包括霍根测评的HPI潜力报告。

（2）Risk Based，即"风险排查"角度

通常适用于更为高阶的管理者的筛选。

主要是因为作为高管，其工作内容的复杂性和不确定性较高，因此较难定义其成功要素，这就是为什么我们常常看到的高管选拔时定义的成功要素更像一个"完人"。

一方面，面面俱到的要求容易导致以下问题：

- 容易重点不突出；
- 一些特质之间本身会存在张力和矛盾，如既要有战略思维又要能关注重要细节，既能关注短期结果又有长期的战略眼光。而从性格角度我们很难找到这样面面俱到的候选人，即使找到了也有可能比较中庸没有明显的优势。

另外，高管多数在能力和驱动力方面相对差异比较小，而失败往往更多是由于个人价值观与组织文化的匹配度不足所导致。

现场我们了解一下在座的人力资源同人的观察，从本企业过往的经验来看，多数人认为文化冲突占到了80%以上的情况。

因此，"风险排查"的聚焦点主要围绕在：

- 岗位匹配的核心风险；
- 文化匹配的核心风险。

主要使用的报告是霍根测评HPI潜力报告、MVPI价值观报告和HDS压力报告。

3. 霍根的报告样本及总结

以下是来自学员真实的报告样本。

（1）霍根测评HPI潜力报告

霍根性格调查问卷测量常态下的性格特征，包含七个基本量表和六个职业量表，用于描述普尔先生（Poole）在职场中的表现，包括他如何管理压力，如何与他人互动，如何处理工作任务，以及如何解决问题。虽然该报告是逐一呈现各量表的分数，但每个量表都有助于解释普尔先生的表现。该报告指出了个人的优点和缺点，并且提供讨论问题供发展反馈使用。

- 在解析HPI量表分数时，值得注意的是，高分不一定更好，低分也不一定更差。每个量表的分值都反映了不同的优点和缺点。
- 在解读HPI分数时，应该结合个人的职业角色，以此来判定这些性格特点属于个人优势还是需要改进的方面。
- HPI基于大五人格模型而开发。

（详见附录1：霍根测评HPI潜力报告）

（2）MVPI价值观报告

动机、价值、偏好调查问卷描述了个人的核心价值观、目标及兴趣。这些信息至关重要，可以帮助个人了解最适合自己的工作类型和环境，并作出更好的事业选择。该报告提供了十个价值观维度的信息，每个维度包括五个子维度，分别是生活方式、信念、职业偏好、反感及偏好的共事者。

- 个人根据自身的价值观作出决策，但很少剖析自身的价值观取向，并常依据一些自己未能完全理解的缘由作出决策。清楚地认识个人的价值观取向可以提高决策质量。
- 个人偏好结交与自己志同道合的人，因为他们拥有相同的价值观。因此，认识及理解这些价值观取向可以帮助个人更为有效地管理人际关系。
- 如果组织文化与个人的价值观取向不协调，个人就很难感到愉悦，也很难高效工作或表现突出。相反，如果选择在一个组织文化与自身价值观一致的环境工作，个人通常会感到更满意且能更高效地工作。

（详见附录2：MVPI价值观报告）

（3）HDS压力报告

霍根发展调查表测量了11种人际交往行为，调查结果显示，这些行为可能对工作与生活造成影响。高分量表所代表的特质在某些情境下可以是优势，然而这些优势一旦被过度使用则会成为人际关系与事业的阻碍。了解那些对绩效造成阻碍和局限的因素，就能在事业上获得更大的成功。该报告突出了普尔先生自己可能也未曾意识到的行为倾向，可帮助他建立自我意识。

- HDS测量了个人在压力、无聊及疲惫情况下的行为倾向。
- 调查表明，HDS低分者在工作中存在的问题相对较少。高风险和中等风险得分表示个体在该量表中存在问题，但同时也需关注低风险得分，因为这表示个体在该量表中未能充分发挥自身优势。
- 多数人会有三个到四个高风险得分。
- 在解读普尔先生的HDS分数时，应当结合他的日常表现。可通过评估他的常态性格，如利用霍根性格调查问卷来了解他的日常表现。

（详见附录3：HDS压力报告）

二、MBTI性格职业测评

1. 什么是MBTI？

MBTI，即Myers–Briggs Type Indicator，是一种经典的人格类型测评工具。它基于瑞士心理学家荣格（Carl Jung）的心理类型理论，以及美国心理学家迈尔斯（Isabel Briggs Myers）与其母亲凯瑟琳·库克·布里格斯（Katharine Cook Briggs）的实证研究，是国际十分流行的性格测试模型。

该测评从四个维度（外向/内向、实感/直觉、思考/情感、判断/感知）评估个人的性格倾向，然后从两个方面来考察，进而得出16种不同的性格类型。

这些维度和类型提供了对个体行为、偏好、态度等多个方面的深入理解，帮助人们更好地认识自己、理解他人，并在职业选择、人际交往等方面作出更明智的决策。

2. 16种不同的性格类型组合

- INTJ（建筑师）：独立、创新、策略性强，善于分析和规划。
- INTP（逻辑学家）：理性、逻辑性强，喜欢抽象思考，对理论和知识感兴趣。
- ENTJ（指挥官）：领导力强，具有远见，注重效率和组织性。
- ENTP（辩论家）：聪明、好奇、逻辑性强，善于发现问题和提出新的可能性。
- INFJ（提倡者）：理想主义、有深度、情感丰富，善于理解他人和为他人提供帮助。
- INFP（调停者）：理想主义、敏感、富有同情心，重视内在和谐和价值。
- ENFJ（主人公）：热情、有爱心、善于社交，致力于帮助他人和实现共同目标。
- ENFP（竞选者）：热情、富有创造性、社交能力强，喜欢探索和体验新事物。
- ISTJ（物流师）：实际、负责任、注重细节，善于组织和规划。
- ISFJ（守卫者）：忠诚、体贴，注重家庭和传统。
- ESTJ（总经理）：实际、组织性强、善于领导，注重效率和结果。
- ESFJ（执政官）：热情、善于社交、合作性强，致力于维护和谐关系。
- ISTP（鉴赏家）：实际、灵活、分析能力强，善于处理具体问题和实际操作。
- **ISFP（探险家）**：安静、友好、敏感，喜欢享受生活和自然环境。
- **ESTP（企业家）**：实际、灵活、注重效率，善于观察和应对现实情况。
- **ESFP（表演者）**：热情、友好、善于社交，喜欢享受生活并帮助他人。

举例 我测出来的人格类型

主人公型人格（ENFJ），是16种类型人格中的一种。其中E代表外向，N代表直觉，F代表情感，J代表判断。

主人公类型的人是天生的领导者，充满激情，魅力四射。

这种类型人格的人约占人口的2%，他们常常是政客、教练和教师，可帮助、启发他人取得成就并造福整个世界。他们浑身散发出天然的自信，潜移默化地影响着周围的人。也能指导他人团结协作，帮助他们提升自我，而他们自己也可从中获得自豪感与快乐。

此外，主人公型人格（ENFJ）的人也是优秀的团队合作者和组织者。他们擅长协调不同人的需求和目标，以促进团队的协作和效率。通过指导和支持他人，他们不仅能够帮助团队取得成功，同时自身也能够获得成就感和满足感。

主人公类型的确和我有几分相似的地方，我就是一位热情、乐观且充满正能量的人，即使遇到挫折、困难也会想办法克服，永远以一种积极、乐观的心态看待这个世界。

MBTI性格测试旨在帮助人们更好地了解自己和他人的性格特征、价值观以及行为习惯，并能够帮助其进行职业生涯规划、人际交往、自我成长等方面的探索。

　　MBTI类型提供了对人格特质的深入理解，有助于我们更好地了解自己和他人。然而，值得注意的是，每个人都是独特的，可在不同情境下表现出不同的特点。MBTI类型只是提供一种框架，用于描述和分类人格特质的倾向性，而不是绝对的定义。

　　首先，职业成功受到多种因素的影响，包括个人的能力、兴趣、价值观、教育背景、工作经验、环境等。MBTI测评只能提供性格方面的信息，而忽略了其他重要因素。因此，单凭MBTI测评结果并不能全面评估一个人的职业潜力和成功的可能性。

　　其次，MBTI测评结果并不是固定不变的。个人的性格可能会随着时间和情境的改变而发生变化，因此MBTI测评结果也可能随之改变。这意味着，即使一个人在某个阶段的MBTI测评结果显示他适合某种职业，也不能保证他在未来会一直适合这个职业。

　　最后，不同职业对性格类型的要求也可能随着时间和环境的变化而发生变化。新兴行业和职业可能需要不同的技能和特质，而这些特质可能无法通过MBTI测评准确预测。在职业选择和发展中，个人还需要综合考虑自己的能力、兴趣、价值观等多个因素，并结合实际情况作出决策。

小结语

　　本小节主要讲述霍根测评，并配以独特的报告解读；还讲了MBTI性格职业测试，给出了16种性格类型的组合。

第二节 | 专业测试考试：检验知识武装

在招聘过程中，面试固然是一个非常重要的环节，用于评估候选人的能力和适应力。为了更多地了解候选人的专业技能、知识深度和性格特征，确保面试效果，通常还会采用专业的面试测试方法，大概有以下几种。

1. 认知能力测试

认知能力测试（Cognitive Ability Test）是衡量一个人学习及完成一项工作的能力的一种测试。

认知能力测试包括一般推理能力（智力）测试和特殊智力能力测试以及语文测验（常识、理解、数学推理、记忆跨度、字）和操作测验（完成图画、实物拼接、形数交替）。

2. 职业知识测试

职业知识测试是指用书面考试的方式评估候选人的专业水平，该测试包括选择题、填空题、问答题等形式，以覆盖相关知识。

3. 专业技能测试

专业技能测试是一种评估候选人专业技能掌握程度的面试方法，通常需要设计相应的测试题目或场景。例如，针对技术岗位的候选人，面试官会让技术人员做技术基础知识的测试，可以涉及技术的定义、公式及实现流程等。

4.考题答卷测试

某些企业对技术工程师的基础及扎实程度要求很聚焦时，可使用此方法。由面试官针对所需技术的特殊需求，拟定针对性的题库，行为面试前先进行笔试，笔试通过将有机会进入下一轮面试环节。笔试可线上也可线下，线上可以视频形式进行问答。

5.留作业测试

技术人员可以留编程作业，提前做好编程作业或者根据需要对人选单独考察的部分进行编程作业。其他类型岗位可以通过做方案或者写本子等方式留作业。

6.案例分析

案例分析是一种通过分析具体的工作案例来评估候选人的解决问题能力和思维能力的方法，在案例分析中，面试官会提供一份描述工作情境的材料，然后要求候选人进行分析并提出解决方案。

小结语

以上就是常见的面试形式的测试方法，企业应根据自身情况、不同岗位、不同的企业文化，选择不同方式和类型的测试方法。

第三节 | 行为面试：过去预测未来

一、行为面试的定义

行为面试法的基本假设是一个人过去的行为可以预测这个人将来的行为。侧重的是过往的案例、关注的是过去，充分了解求职者的过去，然后根据现有岗位的特点评估人岗匹配的情况。

二、操作流程步骤的结构化

- 确定招聘岗位与用人标准；
- 制作面试手册、培训面试人员；
- 简历筛选、专业测试；
- 行为逻辑面试；
- 面试评估；
- 录用决策。

三、考核要素结构化

1.胜任力模型定义

胜任力（Competence）模型是一种人力资源的管理工具，主要用于描述某一职位或层级所需要的一组行为特征和胜任力要求，它基于对特定职位表现优异所需的能力、技能、知识和态度的理解，能够鉴别绩效优异者与绩效一般者的动机、特质、技能和能力。这个模型可以为工作分析、招聘、选拔、培训与开发及绩效管理提供重要的基础。

胜任素质模型，主要看三点：岗位知识、岗位技能和岗位态度。这也是面试官考核候选人素质的基本结构。

2.通用的个人维度

- K（Knowledge）：专业知识；
- S（Skill）：技能；
- A（Attitude）：态度；
- P（Personality）：个性特征；
- M（Motivation）：求职动机；
- V（Value）：价值观。

第五章 人才评鉴：评价中心技术

举例 项目开发经理面试评估考核

表5-1 项目开发经理岗位的面试评估维度

招聘岗位	考察维度	针对性问题	面试官关注的重点
项目开发经理	项目管理能力	请举一个你过去做得成功的开发项目管理的例子？	关注候选人在项目管理过程中的主要着眼点，管理的系统性与最终成效，如何处理在管理中遇见的问题
	项目规划能力	1. 请举一个你所负责过的最大型、最复杂的开发项目，你是如何进行规划的？ 2. 你拿到一个大型项目时，会如何进行规划？会采取什么样的行动呢？	关注候选人规划的流程与方法，分析问题、资源整合的能力，项目所考虑要素的全面性与合理性等
	团队合作能力	1. 谈谈在日常项目管理工作中，你是如何与团队有效相处的？ 2. 在团队中如果团队成员不配合你的工作，你将如何对待他？	关注候选人的团队意识，在团队中扮演的角色是主动还是被动，对团队的支撑和对团队的领导能力及对团队的包容性等
	沟通协调能力	1. 当你与上级意见相左的时候，你认为自己是正确的，这个时候你将用什么方式让你的上级接受呢？ 2. 当你与其他部门的负责人发生争执，而互不相让的时候，你会继续坚持你的想法还是会妥协？	公司需要的不是力争到底的坚持，而是需要进一步地收集资料，通过人际关系来积聚力量，寻找正确的工作方法，进而作出正确的决策

参考表5-1所示的评估维度，通过对项目开发经理的面试评估，就能知道该人选是否做过该项目？在项目中他扮演什么角色？他的项目管理能力如何？他的项目规划能力、团队合作能力如何？以此判断候选人是否适合项目开发经理的职位。

3.如何评估胜任力模型？

使用胜任力模型对候选人进行评估是一个系统性的过程，主要包括以下几个步骤：

- **明确胜任力模型**：你需要明确岗位的胜任力模型，这通常包括一系列与工作相关的关键能力和素质。这些能力和素质是基于组织的战略目标和岗位需求确定的。
- **制定评估标准**：根据胜任力模型，你需要制定相应的评估标准。这些标准旨在明确每个胜任力的具体要求，以便评估候选人在这些方面的表现。
- **准备评估工具**：根据评估标准，你可以准备相应的评估工具，如面试问题、案例分析、能力测试、性格测评等。这些工具旨在全面评估候选人的胜任力。
- **进行评估**：在面试过程中，使用先前准备的评估工具对候选人进行评估。包括对候选人的回答、行为、态度等方面进行观察和分析，以确定他们是否符合胜任力模型的要求。
- **综合评估结果**：结合面试、测试和其他评估方法的结果，对候选人进行综合评估。根据每个胜任力的要求，为候选人打分，以便比较和排名。
- **提供反馈**：将评估结果反馈给候选人，帮助他们了解自己在每个胜任力上的表现，以及可以提升的方面。同时，也可以为员工提供培训和发展的机会，以帮助他们提升自己的胜任力。

- **持续改进**：定期进行绩效评估，并根据评估结果制订个人发展计划和培训安排。这样可以促进员工的持续发展，并帮助他们适应组织的变化，提升应对挑战的能力。

在整个过程中，确保评估的公正性和客观性是至关重要的。此外，与候选人保持开放和透明的沟通也是关键，以确保他们了解评估过程和结果，并认识到自己的优势和需要改进的地方。

4.胜任力模型的关键能力和要素如何构成

不同职位、不同行业、不同文化的企业的胜任力模型是不同的。通常企业里会按照不同的职能序列给予不同的胜任力模型，对应不同的技能要求。

- **管理序列岗位的胜任力模型**：基本知识、公司知识、人力资源知识、财务知识、战略知识、管理知识、计算机及信息化系统知识、沟通能力、协调能力、责任感、进取心、廉洁、诚信、忠诚。
- **研发序列岗位的胜任力模型**：基本知识、公司知识、专业技术知识、技术管理知识、生产知识、计算机及信息化系统知识、创新意识、逻辑思维能力、沟通能力、责任心、自信心、产品思维、进取心、有韧性、抗压能力、诚信、忠诚。
- **销售序列岗位的胜任力模型**：专业知识、产品知识、经验技能、销售能力、自信心、进取心、开拓能力、沟通能力、协调能力、团队合作、服务意识、坚韧不拔、意志力、抗压能力、灵活、忠诚、廉洁。

小结语

本节描述了行为面试法，通过询问候选人过去的行为来预测他们在未来的表现，通过胜任力模型评估候选人的能力，不同职位、不同行业、不同文化的企业的胜任力模型是不同的，可以由企业根据自身情况制定。

第四节 | 情景面试：想法预测做法

一、什么是情景模拟面试法？

情景模拟面试法是一种有效的评估工具，它可以帮助面试官了解应聘者在特定情境下的反应和行为。这种面试方法通过模拟实际工作场景，来测试应聘者的专业能力、沟通技巧、团队协作能力、解决问题能力等。

二、情景模拟面试法的形式及使用时的注意点

1. 情景模拟面试法的形式

- **角色扮演**：面试官设计一种模拟的工作场景，要求应聘者扮演某个角色，并在这个角色中处理可能遇到的各种问题。通过观察应聘者的表现，可以了解其沟通能力、解决问题能力、团队协作能力等。
- **无领导小组讨论**：这是一种常见的情景模拟面试形式，面试官会要求一组应聘者在没有指定领导的情况下，就某个问题展开讨论，形成共识。通过观察应聘者在小组中的表现，可以评估其团队协作能力、沟通能力、领导力等。

- **案例分析**：面试官会给出一些实际工作场景中的案例，要求应聘者进行分析并提出解决方案。这种方法可以考察应聘者的分析能力、解决问题的能力以及思维方式。
- **压力面试**：这是一种比较特殊的情景模拟面试形式，面试官会故意设置一些压力情境，观察应聘者在压力下的反应和应对能力。例如，面试官可能会提出一些具有挑战性的问题，或者要求应聘者在有限的时间内完成一项任务。
- **即兴演讲**：在这种形式中，面试官会给出一个主题，让应聘者即兴演讲。这种方式可以测试应聘者的思维敏捷性、语言表达能力和结构化思维能力。
- **现场操作**：在这种形式中，面试官要求应聘者在模拟的工作环境中进行实际操作，如操作机器或设备，以评估他们的技能和适应性。

2.使用情景模拟面试法的注意点

- 确保情景模拟的问题与职位需求相关，以测试应聘者的关键能力；
- 确保情景模拟的场景尽可能真实，以便更好地评估应聘者的实际表现；
- 在评估过程中，要关注应聘者的行为和表现，而不是仅仅关注答案的正确性；
- 在评估过程中，要保持客观和公正，避免主观偏见和刻板印象；
- 在评估过程中，要注重细节和观察，以便更好地了解应聘者的能力和潜力。

情景模拟通常根据实际需求和目标，设计出符合实际情况的场景,并让参与者置身其中。这种模拟的场景可以涉及各种领域,如商务谈判、危机管理、团队协作、面试考场等。参与者需要根据模拟的情况,采取适当的应对措施,解决所遇到的问题。

举例 公关部长的面试

一、背景介绍

某公司准备聘用一名公关部长,经过笔试后,只剩下八名候选人等待面试,面试限定每个人在两分钟内对面试官的提问作答。当每位候选人进入考场时,面试官说的都是同一句话:"请把大衣放好,在我面前坐下。"然而,在考试的房间中,除面试官使用的一张桌子和一把椅子外并没有其他的东西。

有两位候选人听到面试官的话后不知所措,另有两名候选人急得都出汗了,还有一位候选人听到提问后马上就脱下自己的大衣,搁在面试官的桌子上,然后说了一句:"还有什么问题?"结果这五位候选人全部被淘汰了。

在剩下来的三名候选人中,第一位候选人听到面试官的话后,先是一愣,随即脱下大衣,往右手上一搭,鞠躬致礼,并轻声询问:"这里没有椅子,我可以站着回答您的问题吗?"面试官对这位候选人的评语是:"有一定的应变能力,但创新、开拓能力不足。彬彬有礼,能适应严格的管理制度,适用于财务和秘书部门。"第二位候选人听到问题后马上回答:"既然没有椅子,就不用坐了,谢谢您的关心,我愿听您下一个问题。"公司对此人的评语是:"守中略有攻,可先培养用于对内,然后再对外。"第三位候选人听到面试官的话后,眼睛一眨,随即出门去,把候考时坐过的椅子搬进来,放在离面试官侧面一米处,然后脱下自己的大衣,对面试官施礼,说了一声:"谢谢!"便退出考场房间,并把门关上。面试官对这位候选人的评语是:"以'不拘一格'的方式巧妙地回答了考题,富于开拓精神,加上笔试成绩佳,可以录用为'公关部长'。"

二、案例分析

作为公关人员一定要具有应变和处理实际情况的能力,现在的企业里需要的不再是遵守制度、墨守成规的人,更需要的是懂得创新、富有开拓精神的人。正如一句话所言,"如果一切条件已经准备就绪,那你存在的价值又是什么?"文中第三位候选人能很快察觉到椅子,直接将其搬了进来,巧妙地解决了面试官看似刁难的问题。能快速面对问题,并能巧妙地处理正是公关部门所需要的能力。

通过这种情景模拟考核候选人,生动又形象,能把候选人自身的一部分潜力挖掘出来。

面对身经百战、训练有素的候选人,传统套路化的面试方法有时反倒不容易考核候选人的真实水平。因为时下"面霸"机构多,而且网络上也充斥着各种各样的考题,这时候情景模拟的价值就会凸显出来。情景模拟最大的特点就是以小见大,"是骡子是马拉出来遛遛",在模拟的任务情景中,展现候选人的能力特点。

小结语

本节讲述的是情景面试法,以及情景面试法模拟面试的例子,在模拟的任务情景中,展现候选人的能力特点。情景模拟是一种通过模拟真实场景来训练和提高个人或团队应对能力的有效方法。

DISCERNING ABLE PEOPLE

第六章

知人善用：人岗匹配很关键

第一节 ｜ 人才画像的定义及组成要素

"招聘"是个"老大难"的问题"这个领域太窄了，市面上就这么几家公司""招聘网站都快翻遍了""合适的人不考虑，考虑的人又不符合要求"等。社会上的人说今年的工作机会怎么这么少，企业的HR却抱怨招不到人，人都去哪里了？

但是很多时候并不是招不到人才，而是企业设置了太多的招聘条件，阻碍了合适人选加入企业。

那么如何解决招聘难的问题，你最先考虑的应该是：谁是你想要的人才？如何才能知道谁是你想要的人？这里有一个非常好的工具——人才画像。

一、什么是人才画像？

人才画像是以岗位要求为标准，定义和刻画出胜任某个岗位的人才原型，包括技能、知识、价值观、自我形象、个人特质、动机等几个方面；通过对内部部分优秀员工的岗位胜任力及职位描述内容的数据加以提炼与分析，与内、外部岗位标杆人物特性和特质相对照，并结合企业自身特殊要求等方式把所需招聘的目标人才进行准确的特质和特征勾画。通俗的解释就是你能够把这个人才的特征，像画家画人物肖像一样，描述出来。"描述到什么程度最好呢？就是你描述的这个人，走在大街上，你一眼就能知道，这个就是你要找的人。"

人才画像的目的是解决人才与岗位之间不匹配的矛盾，方便人才快速、便捷地寻找到适合自己的工作岗位，企业也可以根据人才画像找到对应的岗位技能人才。根据岗位要求，以画像的形式描绘适合的人才特征，让企业清楚地知道自己需要什么样的人，从而锁定目标，帮助企业更有针对性地进行招聘、培训和发展。

二、人才画像的组成要素

在刑侦破案的影视作品中我们经常能看到这样的画面，某位刑警或侦探在勘查了犯罪现场后，说犯罪嫌疑人应该是男性，年龄28—35岁，身高170—175厘米，体形偏瘦，未婚，性格内向，不喜欢交朋友，等等。

这个过程在刑侦学中叫作"描绘犯罪心理画像"。刑侦专家无须见到犯罪嫌疑人本人，只需根据他作案的时间、地点、手段、凶器等信息就可以大致判断出犯罪嫌疑人的生理特征、心理特征、受教育程度以及家庭状况等。

与犯罪心理学类似，在产品营销中也有用户画像的概念，就是营销人员根据产品的特性描绘出对这种产品有需求，可能会购买、使用这种产品的用户具备的特点。

岗位人才画像也是类似的道理，它是指企业在实施人才招聘之前，根据岗位需求的特性，描绘出需求人才的各类特质。

无论是犯罪心理画像还是产品营销中的用户画像，都是为了把视线聚焦在某一类人身上，集中优势资源，针对这类人群采取行动。这样就能以最低的成本、最快的速度达成目标。与之类似，人才画像是为了在茫茫人海中锁定企业要找的候选人，帮助企业快速、精准地实施招聘。

猎头公司在招聘过程中发挥着至关重要的作用，他们通常具备专业的技能和经验，能够精准地描绘人才画像，并据此快速、有效地为企业找到合适的人才。猎头公司的工作方式类似于侦探，他们在开始寻找人才之前，会花费大量时间和精力来深入了解企业的需求，并据此构建出详细的人才画像。

猎头公司通过制作人才地图，能够系统地识别并跟踪潜在的人才资源，包括行业内的专业人才、竞争对手的关键员工，以及那些具有特定技能和经验的候选人。通过这种方式，猎头公司能够更准确地把握市场上的人才供应情况，从而为企业提供更精准的人才推荐。

此外，猎头公司还会运用其广泛的人脉资源和行业知识，主动寻找和接触那些符合企业需求的人才。他们不仅会通过传统的渠道（如招聘网站、社交媒体等）来寻找人才，还会通过参加行业会议、研讨会等活动来拓展人脉，从而发现更多潜在的候选人。

小结语

本节描述了什么是人才画像及人才画像的组成要素。

第二节 ｜ 精准描绘人才画像

绘制人才画像一定要以岗位说明书为基础。人才画像的基础就是岗位说明书，要明确这个岗位需要什么样的人才，工作内容是什么，他/她的工作职责管辖范围是什么，汇报对象及下属是谁，以及如何设置KPI（Key Performance Indicator，关键绩效指标）等要素。岗位说明书可以规范，但岗位说明书不是人才画像，它只是人才画像的基础。

人才画像需要对标公司，找出符合该职位要求的职位原型，包括隐性条件和软性条件，再以自家公司在该岗位上做得不错的人员为参考。绘制人才画像可以分为以下几个步骤。

一是采集数据、提炼数据。就是收集描绘人才画像需要的数据信息。例如，研发、产品、技术岗位对人才的专业知识、岗位技能、从业资质、工作经验等维度的要求比较高，所以企业需重点在这些维度上采集数据。

以新能源企业研发总监岗位的人才画像为例。企业首先要确定好冰山上的素质：学历（统招本科、研究生还是博士生）、拥有什么样的专业知识和岗位技能？需要什么样的从业资质？年龄范围？工作年限等，然后再设置冰山下的素质：动机、特质、特征，这些都是数据信息。

人才画像最好的数据来源是"人才样本"。人才样本就是指对这类岗位，要以谁作为样本、照着谁的样子来描绘人才画像。最好的人才样本，当然是从事这个岗位的高绩效员工。

就像我们要对研发总监岗位的人才画像进行数据采集，企业除了去竞标企业参考这个岗位人的要求之外，也要将企业内部从事这个岗位的高绩效员工作为人才样本。采集数据要根据不同岗位的实际需要，在关键维度上多采集一些数据。对采集到的数据进行整理归纳、分类汇总和关键信息提炼之后，就能够初步得到人才画像。

二是梳理沟通、构建画像。人才画像的初稿形成后，招聘官一定要拿着人才画像的初稿和业务负责人进行沟通，业务负责人会提出自己的看法和建议，对人才画像的初稿再进行修稿、完善。招聘官还需要根据公司的发展战略目标，与公司高层管理人员、业务线负责人一起梳理出关键岗位高绩效员工需具备的关键能力。

我去年重新回到猎头行业，在招聘的过程中发现一些企业的招聘官从网上直接抄袭其他公司的岗位说明书和人才画像，堆砌了不少辞藻，让人看了啼笑皆非，这种不严谨、敷衍了事的做法不仅会影响企业HR的形象，而且会给企业带来不好的影响，在此我就不举例了。

人才画像是动态的，需要对人才数据进行持续跟踪和记录。另外，随着组织战略的变化，业务形式的更新，对人选的需求也会有变化。因此，人才画像的构建不是一蹴而就的，而是需要不断迭代更新的。

小结语

人才画像一定要以岗位说明书为基础构建。

第三节 ｜ 关键岗位需要配置关键人才

一、什么是关键岗位？

关键岗位通常是核心岗位，是指在企业的经营、管理、技术、生产等环节中对企业的生存发展起到至关重要作用的岗位，如高层管理的职能职位、关键技术、研发职位、产品及销售等。这些岗位通常承担着重要的工作责任，掌握着企业发展所需的关键技能，并在一定时期内难以被替代。

给关键岗位配置关键人才要做好人才分析，注重选拔、培训、激励和反馈等方面的工作，建立良好的人才管理机制，提高人才匹配度和竞争力。同时，也要关注员工的成长和发展需求，为他们提供更多的机会和支持。

二、关键岗位人才配置具体操作

1. 分析人才画像

招聘官要培养的就是岗位需求分析能力，详细分析这些关键岗位的人才画像，对关键岗位进行深入的职责和需求分析，明确管理职能、技术、研发、产品及市场等岗位的具体要求，包括所需技能、经验、能力和冰山以下隐性的一些素质。

例如，有关CEO的岗位是要求该岗位的人具有该行业的背景、有匹配现任公司规模的工作经历，希望CEO这个岗位的人有全面的管理能力，对运营、财务、市场、技术、销售都要了解，并且有在过往公司运营的成功案例等；如果是技术、研发的岗位，就要求候选人具备独立判断和思考的能力，而且有创新的能力，并有高度集中的专注力和良好的记忆力、反应能力等。

2. 从内部选拔

盘点人才，从中找出企业20%的关键人才，评估这些人才的绩效、能力和潜力，选择符合关键岗位要求的人才。

3. 从外部招聘

如果内部没有合适的人才，可以考虑从外部招聘。通过猎头、网络招聘渠道、新媒体招聘渠道等途径寻找符合人才画像的候选人。在招聘过程中，要注重候选人的专业知识、技能、工作经验和价值观等方面与企业的匹配度。

4. 面试和评估

对选拔出来的候选人进行面试和评估，参考胜任力素质模型以进一步了解他们的能力和潜力。面试过程中，要注重考察候选人的沟通表达能力、团队协作能力、领导力等方面的素质。

5. 培训和发展

对于已被录用的员工，要提供相应的培训和发展机会，帮助他们提高技能和知识水平，增强他们在关键岗位上的竞争力。同时，也要关注员工的职业发展需求，为他们提供晋升机会和职业发展规划。

6. 绩效考核制度

建立一套科学的绩效考核制度，对关键岗位的关键人才进行定期评估，与薪酬和晋升挂钩，激发员工的工作积极性。

7. 激励和留任

为了留住关键人才，需要提供相应的激励措施，包括薪资福利、奖金激励、职业发展等方面的措施。同时，也要关注员工的工作满意度和忠诚度，及时解决他们的问题和困难，提高员工的工作积极性和创造力。

8. 定期评估和调整

定期评估关键岗位人才的绩效和表现，及时进行调整和优化。对于表现优秀的员工，要给予表彰和奖励；对于表现不佳的员工，要及时进行培训和辅导，或者对其岗位进行调整和优化。

9. 建立人才储备库

为了应对关键岗位的人才流失，可以建立相应的人才储备库，及时了解潜在候选人的情况，以便在需要时迅速填补岗位空缺。

举例 关键岗位人才配置案例

一、背景介绍

某知名环保企业，为了在激烈的市场竞争中保持领先地位，同时也为了进一步拓展新业务，该公司决定投资36亿元进军光伏行业，并提前物色领军人才。

HR锁定了同行业的一名CEO，其所在企业是该行业的佼佼者，销售额近100亿元，该人选已在该企业工作了十几年，从产业端到应用端都做过，有着丰富的战略运营、市场开发、产品营销的经验。HR总监通过几家猎头公司联系到该人选，并说服该人选面试，经过几轮面试该人选被聘为总经理，年薪400万元。但不到两年时间，该项目就被叫停，职业经理人下岗，公司直接损失2亿多元，HR总监也不得不引咎辞职。

企业新项目的CEO岗位，是在董事会的授权下，全权负责新公司的组建与运营。需要注意的是，该职业经理人经验非常丰富，其对原来任职的企业从模式到流程都非常熟悉，而且他之前所在的平台规模更大，但是空降之后，面对的是全新的环境，有很多不确定性因素需要他面对并做出正确的决策。因此，同样是CEO这一关键岗位，而决定成败的关键之处并不相同。

二、案例分析

新项目CEO岗位的关键之处在于：一是从零开始组建团队，建立经营与管理模式和流程的能力（开拓能力）；二是统筹各类资源，使之充分发挥作用并达成结果的能力（统筹能力）；三是面对诸多不确定性因素，准确判断并快速决策的能力（决策能力）。该案例中用人单位的高层领导和HR在进行人岗匹配时，只比对了岗位的显性条件（冰山上的素质），如岗位层级、管理幅度、所需经验等，却忽略了该岗位的隐性条件（冰山下的素质），如人选动机、企业价值观、面对不确定性的适应性等，从而导致对人才的错误任用。

由此可见，企业要想避免关键岗位的用人失误，前提是公司高层与HR对岗位本身的正确认知，尤其是对公司战略的理解要达成一致，以便厘清关键岗位在价值链上的作用，做到关键岗位与关键人才的高度匹配。

小结语

该小节讲的是如何给关键人才做人才画像，要对关键人才做好人才分析，不能只比对岗位的显性条件（冰山上的素质），更应该注重隐性条件（冰山下的素质），同时举出关键岗位的关键人才配置案例来说明人岗匹配的重要性！

第四节 ｜ 找到对的人：事半功倍

在企业界，人才被视为最宝贵的资源，没有哪个企业领导者会否认这一点。但真正的智慧在于如何识别并吸引那些能够推动企业发展的"对的人"。当企业找到了合适的人才，不仅能够提高其整体效率和生产力，还能够实现事半功倍的效果。

在为企业寻找合适的人才时，一个清晰、系统的人才招聘策略至关重要。这不仅仅意味着要有一套明确的招聘流程，还包括深入分析企业的人才需求，描绘出详尽的人才地图，设定明确的招聘目标和策略。理解竞争对手的组织架构和人才策略，以便帮助我们更好地在市场中定位自己的招聘策略。

而且，企业应当根据过去的招聘经验，不断优化和改进自己的招聘决策和行为。更多的时候需要用数据和结果来指导我们的招聘决策，而不仅仅是依赖直觉或经验。只有深入了解和分析招聘的底层逻辑，才能精准地识别和吸引那些与企业文化和价值观相契合的优秀人才。

对于新成立的公司来说，找到与创始人同频、价值观一致的合伙人和核心团队至关重要。在创业初期，创始人应该亲自参与人才的筛选和招聘的过程，以确保公司能够吸引到最合适的人才。随着公司规模的不断扩大，虽然不可能由创始人亲自面试每一个候选人，但对于公司高管和关键岗位的候选人，创始人无论多忙都应该抽出时间来亲自面试，要始终牢记人才是公司最重要的资产，并将其放在战略的高度进行考虑。

许多成功企业的案例，都证明了当一群价值观相同、默契十足的人才聚集在一起时，能够共同创造出惊人的成就。因此，企业在招聘人才时，不仅要关注候选人的专业技能和经验，更要注重他们的价值观是否与企业文化相契合，是否能够为企业的长远发展做出贡献。

举例 某科技巨头独特的人才挖掘策略

张总，作为某知名科技公司的创始人，深知人才是企业的核心竞争力。在创业初期，他将大部分时间与精力都投入寻找和吸引顶尖人才上。他坚信，只有亲自出马，深入沟通，才能精准识别出那些真正与企业文化相契合的优秀人才。

张总在寻找关键岗位人才时，表现出了超乎寻常的耐心和决心。有记录显示，他曾连续两个月与一位心仪的候选人沟通，每次对话都长达数小时。这种诚意和决心最终打动了候选人，使其决定加入团队。

张总认为，成功吸引人才并非一蹴而就的，而是需要长时间的积累和坚持。他倡导"三顾茅庐"的精神，强调即便面临困难和挫折，也要保持对人才的追求和尊重。

在实际操作中，张总采取了一种简单而高效的方法。他整理了一份详尽的人才名单，其中包括目标公司和周边朋友推荐的候选人。然后，他逐一与这些候选人取得联系，进行深入沟通。这种策略不仅提高了招聘效率，也确保了企业能够吸引到最合适的人才。

张总的这些经验和方法，为众多企业家提供了宝贵的启示：在竞争激烈的市场中，只有用心寻找、耐心沟通，才能最终赢得人才的青睐。

作为CEO，你就是自家公司的引领人，你的愿景，你的格局，你的战略，你的胸怀，就是你的高度。修炼自己，并永不停止，人才自然会会聚过来。

正如《从优秀到卓越》[①]一书中曾经提到："商界人士最重要的绝对不是如何做事，而是如何聘人。"人对了，事就对了。

小结语

一个清晰、系统的人才招聘策略对帮助企业招聘到对的人起到至关重要的作用。除了关注候选人的专业技能和管理经验之外，更应该注重其价值观与企业文化的契合度。

---

① ［美］吉姆·柯林斯：《从优秀到卓越》，俞利军译，中信出版社2009年版。

第五节 ┃ 找到错的人：得不偿失

找错人的成本是惊人的。2016年《哈佛商业评论》刊登了一项针对83位企业高管的调研，研究一家公司每天在哪些事情上造成的浪费、损耗最多，结果发现高管们把"招错了人"排在第一位。

这些高管根据自己所在企业的实际情况给出了各自的估算，招聘到不合适的员工意味着给公司每天造成的损失大约900美元，这意味着招聘需要更加慎重对待，否则会给公司造成严重的损失。

布拉德福德D.斯马特在《顶级评级法速查手册》中写道："错误招聘会花费300小时的额外工作。大多数公司用2%的精力招聘，却用75%的精力来应对当初错误招聘的失误。"也就是说，招聘不仅会给企业带来直接成本的消耗，同时也会给企业带来不少间接成本的消耗和浪费。

这些年无论我是在企业内部做招聘还是在外部做人才顾问，看到企业里很多的失败一半都是人的原因，大概就是以下几个方面：找不到"合适的人"；找到人了，但是落不了地；不会识人，容易被人的表面光环蒙蔽。

一、深刻反思：用错人的代价

举例 某百亿级上市集团公司的高级职业经理人案例

在我所了解的一个案例中，一家资产规模达百亿元的上市集团

第六章　知人善用：人岗匹配很关键

公司，在寻求突破和进一步扩张的过程中，聘请了一位在外界眼中极为出色的高级职业经理人。这位经理人不仅拥有国内外知名学府的学历背景，而且在其职业生涯中积累了众多令人瞩目的成就。在与他初步接触时，无论是公司的实控人还是其他高层管理人员，都被他的魅力和谈吐折服，仿佛看到了公司未来发展的新希望。

然而，这位高级职业经理人的实际管理能力和经营表现却远低于预期。他缺乏制造业的实际经验和对该领域的深入了解，使他在面对公司复杂的运营情况时显得捉襟见肘。尽管他的外表和言辞都充满了自信且体现出专业性，但在具体的决策和执行过程中却往往缺乏实质性的成果。

更为严重的是，这位职业经理人的价值观与公司的文化和理念存在严重的冲突。他缺乏信任感，对团队成员持有怀疑态度，这不仅破坏了团队的凝聚力和向心力，还导致团队成员之间出现了"背对背"工作的情况。在这样的氛围下，团队成员难以充分发挥自己的才能和潜力，也无法形成有效的合作和协同。

最终，这位高级职业经理人在CEO的位置上仅待了一年多，就不得不黯然离开。而更为可惜的是，由于他的不当管理和价值观冲突，导致公司团队中的许多高管也受到了牵连，他们不得不离开自己原本的职位，面临职业生涯的不确定性和挑战性。

在这个案例中，公司高层被职业经理人的光鲜背景和出色谈吐迷惑，忽略了对其实际能力和价值观的深入评估，从而导致了用错人的后果，不仅影响了公司的运营和团队士气，还造成了高管层的动荡。

这个案例深刻地揭示了用错人的代价。一个看似光鲜靓丽、背景强大的高级职业经理人，并不一定能够为公司带来实际的价值和成果。在选择高管和关键岗位人才时，公司必须进行全面而深入的考察和评估，确保他们不仅具备必要的专业能力和经验，还要与公司的文化和价值观相契合。只有这样，才能确保公司的长期稳定发展，避免因为用错人而带来的巨大损失和负面影响。

二、人才招聘：领导者的爱与怕

在企业的生命周期中，人才招聘始终是领导者心头的一把"双刃剑"。爱之，因为优秀的员工能够推动公司腾飞；怕之，则是因为不慎用错人可能会给公司带来巨大损失。那么，为何这家上市集团公司的实控人会陷入用错CEO的困境呢？从以下几个方面来看，其中隐藏的问题值得深思。

1.领导者的识人能力：慧眼何在？

领导者的识人能力是决定企业招聘成功与否的关键。然而，现实中很多领导者，尽管拥有丰富的创业和管理经验，但在识人上却未必能做到准确无误，其中有可能是因为过于相信自己的直觉和经验，而忽略了科学的人才评估方法；也有可能是因为缺乏专业的人力资源支持，而难以从多角度、多层次去评估候选人。识人能力的欠缺，使领导者在关键时刻难以做出正确的决策。

2.急于求成：速度与质量如何平衡？

在商业世界里，时间就是金钱。这种压力往往导致企业在招聘时急于求成，希望尽快找到合适的人选来填补空缺。然而，这种心态往往会导致企业忽略了对候选人进行深入的考察和评估，从而增加了用错人的风险。对于上市集团公司而言，CEO的岗位更是重中之重，对候选人的要求应该更加严格和全面。但在实际操作中，由于急于求成的心态，实控人未能给予候选人足够的考察时间，导致最终做出了错误的决定。

3.领导者一意孤行：决策中的民主与集中

在企业决策中，民主与集中是两种常见的决策方式。然而，当领导者过于坚持自己的意见，而忽视团队或其他专业人士的建议时，就容易出现"一意孤行"的情况。在这种情况下，即使有其他成员对候选人的选择持有异议，也可能因为领导者的坚持而被迫接受。这种缺乏民主讨论和集体智慧的决策方式，增加了用错人的风险。

4.猎头的作用：帮你排雷，避免踩坑

类似这样关键、重要的岗位，企业一定要引进猎头公司帮助招聘，术业有专攻，他们凭借其丰富的行业经验和广泛的人才网络，能够更精准地为企业匹配所需人才。通过对企业需求和岗位要求的深入了解，猎头公司能够筛选出与企业文化、岗位要求高度匹配的候选人，避免企业因人才不匹配而造成的时间和资源浪费。

5.背景调查的重要性：不可忽视的一环

在人才招聘中，背景调查是至关重要的一环。它能够帮助企业了解候选人的过往经历、职业操守、人际关系等方面的信息，为企业的决策提供重要参考。然而，在实际工作中，很多领导者或企业往往忽视了这一环节的重要性，或者仅仅将其作为一种形式上的要求。这种做法很可能导致企业错过一些关键的信息，从而增加用错人的风险。

用错CEO对上市集团公司来说，是一个巨大的失误。这不仅反

映了领导者在识人能力、决策方式上的不足，也暴露了企业在招聘流程上的漏洞。为了避免类似的失误再次发生，企业应该加强对领导者识人能力培训、优化招聘流程、建立科学的评估体系、加强团队沟通与协作，并重视背景调查的重要性。只有这样，才能真正实现"慧眼识人"，为企业的长远发展奠定坚实的人才基础。

小结语

找错人得不偿失，用错CEO对上市集团公司来说是一个巨大的失误，无论是金钱还是人力方面，都会给公司造成巨大的损失，同时也指出了领导者在识人能力、决策方式上的不足及招聘流程的不严谨。

DISCERNING ABLE PEOPLE

第七章

留人留心：留住人才靠的是什么

第七章 留人留心：留住人才靠的是什么

第一节 | 企业为什么留不住人才

我从事了20多年的人力资源管理工作，发现这样一种现象，很多员工是因为企业而加入，却因为直接上司而离开！企业内部管理水平的高低，将直接决定招聘人才最终的存活率！那么，企业为什么留不住人才？我想大概有以下几点原因：

1. 薪资福利问题

某知名电商CEO说："员工为什么离职，就是钱给得少，心里委屈。"尤其是一些扩张型或快速发展的公司，公司在大量进人的时候，刚刚入职的员工的工资比在公司工作了3—5年的老员工的工资都高，这会造成老员工的不满，觉得自己不被认可，没有受到重视而辞职；另外，薪资与绩效的不匹配也是一个问题。如果员工觉得他们的努力没有得到相应的回报，他们可能会寻求其他机会。

2. 缺乏发展空间

- **职业晋升路径不明确**：员工在职业生涯中，不仅追求薪酬的提升，更看重的是自身技能和经验的增长，以及在企业中的成长和发展空间。当员工的职业晋升路径不够清晰时，他们可能会感到困惑和不安，就会萌发出寻找新工作机会的想法。
- **技能发展受限**：如果企业不能提供持续学习和发展的机会，

无法满足员工在技能发展方面的持续需求时，员工可能会寻求外部的培训和发展机会，以此拓宽自己的视野，提升自己的能力。

3.企业文化不适应

- **企业价值观与员工不匹配**：如果企业的价值观与员工的个人价值观存在严重冲突，员工可能会感到不适应并寻求其他工作机会。
- **缺乏团队凝聚力**：如果企业内部存在严重的派系斗争或团队之间缺乏合作，员工可能会因为团队氛围不佳而离职。

4.外部环境因素

- **行业竞争**：如果企业所在的行业竞争非常激烈，其他公司可能会提供更具吸引力的待遇和机会来挖掘。
- **经济环境**：经济环境的变化，如经济衰退或行业周期性调整，可能会影响员工的就业选择。

5.工作环境问题

- **物理环境不佳**：办公设施陈旧、工作环境不舒适等。
- **人际关系紧张**：上下级关系、同事关系不和谐等。

6.领导风格问题

如果领导的管理风格过于专制或缺乏对下属的培训和指导，下属可能会感到自己的成长受到限制；另外，一些能力强的领导，凡事喜欢亲力亲为，这样下属成长的空间就少，久而久之，也容易造成员工离职；还有一些企业的领导喜欢揽权，抑或因为不信任、不舍得把权力放给高管，长此以往，高管认为自己的价值得不到发挥，没有施展才能的空间自然会选择离职。

7."劣币驱除良币"

- **上级不愿意雇用比自己强的人**：企业里不少上级不会雇用比自己强的人，他们会担心这个人取代自己。
- **下属不愿意被不厉害的人领导**：另外，企业里的不少下属不愿意被不厉害的人领导，如此就会出现"黄鼠狼生豆杵子，一代不如一代"的情况。在我过往的企业里就出现过很多这样的现象，我身边的一些人，自身的能力不错，但在一些公司里会受到排挤，一些上级会利用手中的权力打压他们，好的项目也不会交给他们，"劣币驱除良币"的现象时有发生，造成员工被迫离职。

8.领导层的稳定性

如果企业高层管理频繁变动，员工可能会对企业的发展前景产生疑虑，从而考虑离职。

9.决策过程的透明度

如果企业的决策过程不透明，员工可能会感到自己对企业的发展没有参与感，从而失去工作动力。

10.工作与生活的平衡

如果企业要求员工过度投入工作，而忽视员工的生活需求，员工可能会因为工作与生活失衡而选择离职。

小结语

企业为什么留不住人才？作者给出了10条企业留不住人才的原因。

第二节 ｜ 企业如何才能留住人才

为了留住人才，企业需要根据前面提到的原因采取相应的对策。

1. 优化薪资福利制度

（1）提供具有竞争力的薪资水平，确保员工的付出得到相应的回报。

（2）设计合理的福利制度，如健康保险、退休金、员工股权计划等，以满足员工的不同需求。

（3）实行绩效薪酬制度，确保员工的奖金和晋升与他们的贡献紧密相关。

2. 提供明确的职业发展路径

为员工设定清晰的晋升通道和职业发展规划，让他们看到自己在企业中的未来。

（1）让员工得到成长的空间，选择负责的上级为员工提供实际工作中的指导和帮助，教授他们许多宝贵的经验和技能，能放手让员工去做事情。

（2）提供内部培训和学习的机会，帮助员工提升技能和知识水平，增强竞争力。

（3）鼓励员工参与跨部门或跨项目的合作，拓宽员工视野，同时使员工能够积累经验。

3.塑造积极的企业文化和团队氛围

（1）明确企业的核心价值观，并确保这些价值观在日常工作中得到体现。

（2）加强团队建设，组织各种活动增进员工之间的交流与合作。

（3）营造开放、包容、尊重的工作氛围，鼓励员工提出建议和意见。

4.应对外部环境变化

（1）密切关注行业和竞争对手动态，确保企业在市场上的竞争力。

（2）在招聘过程中强调企业文化和价值观，以吸引与企业文化相契合的人才。

5.改善工作环境和人际关系

（1）提供舒适、安全、现代化的办公环境，确保员工在舒适的环境中工作。

（2）加强领导力的培训，提升领导者的管理水平和沟通能力，以建立良好的上下级关系。

（3）定期组织团队建设活动，增进同事之间的友谊和信任。

6.关注下属的成长和发展

（1）选拔和培养具有领导潜力且公平无私的上级，为下属创造一个有利于他们成长和发展的工作环境，为下属提供成长的空间和机会。

（2）定期评估下属的职业发展需求，为他们提供个性化的培训，制订发展计划，并实时跟踪。

（3）设立内部晋升渠道，确保优秀的下属能够得到公平的晋升机会。

此外，还有一些其他策略可以帮助企业留住人才：

- **增强员工的归属感**：通过定期召开员工大会、座谈会等方式，让员工了解企业的发展状况，增强他们的归属感。
- **提供灵活的工作安排**：根据员工的个人需求和工作需求，提供灵活的工作时间和远程工作等选项，以帮助员工更好地平衡工作和生活。
- **实施员工关怀计划**：如设立员工援助计划，为员工提供心理健康、法律咨询等支持，以关心员工的整体福祉。

为了留住人才，企业需要关注员工的需求和期望，提供具有竞争力的薪酬福利、明确其职业发展规划、良好的工作环境和企业文化，对员工给予尊重和重视。同时，企业还需要关注自身的发展前景和行业竞争力，为员工提供稳定和有前景的工作环境。

举例 企业留人策略

某传媒公司作为一家在广告传媒领域颇具影响力的企业，其成功的背后，除具有敏锐的市场洞察力和先进的商业模式外，更重要的是其独特的人才管理策略。

一、创新管理机制：竞争与合作并存

该传媒公司实控人的管理风格非常独特。他建立了多个团队，每个团队都由一位总监负责，这些总监之间形成了一种竞争关系。这种机制使得每个团队都充满了活力，总监们为了团队的业绩和地位，都会竭尽全力。同时，竞争也促进了团队之间的合作与交流，形成了良性的竞争环境。

这种管理机制不仅激发了员工的斗志，还使得企业能够快速识别出能力强、业绩突出的员工。这些员工自然成为企业的中坚力量，而能力较弱的员工则会在竞争中逐渐被淘汰，从而保证了团队的整体素质。

二、领导者亲自参与招聘：确保人才质量

该实控人强调领导者在招聘过程中的重要性，他认为领导者的格局和高度决定了企业的人才高度。因此，对于一些关键岗位和重要岗位的人才，他亲自参与招聘，确保能够吸引到最优秀的人才。

不像一些中小企业，领导者习惯性地把招聘的事情甩给人力资源部，人才的第一道关卡可能就被那些负责招聘的人给挡走了，这些人为了保住自己的位置，选人时只会机械地按照学历、工作经验、工作业绩等硬性条件筛选，这种机械的做法往往会错失真正有能力的人。而面试的人往往是业务负责人，某些业务负责人恰巧有些私心，不敢任用比自己强的人，导致企业错失优秀人才。

因此，领导者一定要亲自参与招聘，尤其是需要参与关键、核心岗位的面试，这不仅体现了企业对人才的重视，还能够让候选人感受到企业的诚意和决心。这种诚意和决心也是吸引和留住人才的重要因素之一。

三、打造企业文化：留住人才的软环境

除创新管理机制和领导者亲自参与招聘外，该传媒公司还注重企业文化的建设。他们强调团队合作、创新进取、客户至上等价值观，并通过各种活动和培训来强化这些价值观。

一个良好的企业文化能够让员工感受到归属感和认同感，从而更加愿意为企业付出努力。同时，企业文化还能够激发员工的创新精神和创造力，为企业的持续发展提供源源不断的动力。

四、案例总结

该传媒公司通过创新管理机制、领导者亲自参与招聘以及打造良好的企业文化等措施，成功地留住了大量优秀人才。这些措施不仅提高了企业的整体竞争力，还为企业的持续发展奠定了坚实的基础。其他企业在面对人才流失的问题时，可以借鉴该公司的这些经验，结合自身实际情况，制定出更加有效的人才留用策略。

这个例子通过具体的实践和经验，展示了企业留住人才的多种策略和方法，具有很好的启发性和实用性。

小结语

企业如何才能留住人才？作者给出某传媒公司留人的案例，展示了该企业留住人才的多种策略和方法。

第三节 ｜ 空降高管为什么留不住

职场中，除个别企业会把内部的干部提拔为高管外，更多的企业喜欢从外部聘请，也就是我们常说的"空降兵"。"外来的和尚好念经"，这是他们共同的观念。企业领导者会给予这些人高工资、高待遇。但往往享受高工资、高待遇的空降高管很难在一个企业干长久，少则几个月、多则一年，最多18个月，这是为什么呢？

在我从事人力资源工作20多年的经历中，我不仅在企业里担任过HR高管，也在知名猎头公司工作过，在与大、中型企业打交道的过程中，我也见证过一桩桩这样的案例。是空降高管不行？还是企业的土壤已难以改良？下面带大家探索一下背后的真相。

一、"空降兵"难以留住的两个真相

1. 打破了原有的平衡

- **打破了收入的平衡**：空降来的高管是需要付出高成本的，其收入肯定成倍高于现有团队人员，而且管理的权力和职责也更大，空降高管的加入往往意味着更高的薪酬和福利，这与原有团队的薪酬体系形成鲜明对比，可能引发内部的不满和嫉妒。

- **打破了机制的平衡**：空降高管往往带来新的管理理念和工作方式，可能会与原有的企业机制产生冲突，导致团队内部的混乱和不适应，而原有的高管并不会支持和帮助空降高管，使其无法开展工作，就相当于"巧妇难为无米之炊"，导致结果不符合领导者预设的期望，不得不走人。

- **打破了关系的平衡**：空降高管的到来，肯定会打破现有的平衡关系。企业因为多年的发展，有一批"土生土长"的老员工追随企业和领导者多年，里面的人事关系也错综复杂。对于很多老员工来讲，"空降兵"占据了本来属于他们的职位或利益（升职或加薪）；而且"空降兵"一来就位居他们之上，企业的老员工难免心里不服气。在实际工作的开展过程中，有的企业老员工非但不配合他们的工作，还会给"空降兵"制造问题，会让他们站在所有人的对立面，使"空降兵"难以推行他们的想法与做法。而企业领导者高薪聘用这些空降高管，一般也不愿意等太久，再加上老员工们在领导者耳边"吹风"，种种原因下造成"空降兵"很难生存下去。

- **打破认知的平衡**：空降高管来了以后，更多的是对原有团队所谓的管理专业知识与自身水平的差距产生认知。他们进入企业后，会看不起那些老员工，觉得他们的理念、认知都过时了，喜欢给出自己的一套方法论。空降高管通常拥有更为丰富的经验和知识，这可能导致他们在决策和行动上与原有团队存在认知差异，影响团队的协作和效率。或者是"新官上任三把火"，空降高管大刀阔斧地实行改革，而原有团队的人又感觉新来的高管，不做实事，还拿着一套所谓的理论、知识、方法等"瞎搞"，因此根本不会配合。

2. 都有自己的"小心思"

- **实控人**：花高价钱请高手要立竿见影，期望快速达到预期效果，但是领导者又不愿意让这些高手来影响自己的一些主观想法，而实际上，企业里的一部分问题是企业领导者的主观意识造成的，并且一旦形成是很难改变的；实控人并没有说清楚想要掌控什么或者真正想让这些高手把企业做到什么程度，因此他们是很难真正放权给空降高管的。而实控人往往对空降高管抱有高期望，希望通过他们的加入快速实现企业的转型或提升。然而，当空降高管未能达到预期效果时，实控人可能会失去耐心，导致空降高管面临巨大的压力和不稳定的工作环境。
- **空降高管**：空降高管往往带着自己的职业目标和期望加入新企业。他们可能希望在一个新的平台上展示自己的能力，实现自己的价值。然而，当他们发现企业内部的复杂性和挑战超出预期时，可能会产生挫败感和失落感，从而选择离开。
- **老员工**：老员工在企业中通常拥有一定的地位和影响力，他们对空降高管的加入可能会产生抵触情绪。他们可能担心自己的职位和权力受到威胁，或者担心空降高管带来的管理变革会影响他们的利益。这种排斥情绪可能导致空降高管难以融入团队、发挥自己的能力。

总之，空降高管难以留住的真相涉及多个方面，包括打破了原有的平衡和各方利益的冲突等。为了解决这些问题，企业需要采取相应措施，如加强沟通、建立信任、明确职责和权力等，以促进空降高管与企业的融合和发展。同时，实控人和空降高管也需要共同努力，明确彼此的期望和目标，共同推动企业的发展。

二、如何提高空降高管的存活率？

1.懂得放权，不要大包大揽

空降高管加入企业后，往往被寄予厚望，实控人可能期望他们能够迅速解决所有问题。然而，这种做法往往会导致空降高管面临巨大的压力，同时也可能引发团队内部的不满和抵触。因此，实控人要懂得放权，给予空降高管足够的空间和时间来适应新环境，并逐步发挥他们的能力。实控人只需从宏观上去把握，具体执行的细节由相关的高管去做即可。领导者切记不要抓细节，只需把激励机制做好，也不要监控过程，把自主权交给高管即可。

通过放权，不仅能够激发空降高管的积极性，还能够促进团队内部的协作和融合。

2.用人不疑，权责利分明

信任是空降高管与企业融合的关键。实控人需要给予空降高管充分信任，明确他们的职责和权利，使其能够放手开展工作。同时，也要确保权、责、利的平衡，避免因为权力过度集中或利益分配不均而导致团队内部的矛盾和冲突。

用人不疑，组织在完善的监督体系下充分授权，明确应承担的责任，让高管能够聚焦于价值产出，同时用可量化的方式明确在相应的工作成果下可以获得的回报。这会让空降高管有一种安全感，使他们能够更好地发挥自己的才能，进而为公司创造价值。

3.了解业务，有清晰的战略

空降高管在加入新企业后，需要尽快了解企业的业务和市场情况，以便更好地制定和执行战略。实控人应该与空降高管共同明确企业的战略方向和目标，确保双方对未来的发展有共同的认知和期望。同时，空降高管也需要积极参与企业的战略制定和实施过程，发挥自己的专业能力和实践经验。

4.了解自己公司真正的痛点

空降高管在融入企业的过程中，需要深入了解企业的文化和价值观，以及企业在运营和管理上存在的真正痛点。只有找准问题所在，才能有针对性地开展工作，进而给企业带来真正的改变和提升。同时，也需要关注团队内部的氛围和动态，积极与团队成员沟通交流，建立良好的人际关系。

5.老员工和空降高管如何配合

老员工在企业中通常拥有一定的地位和影响力，他们的支持和配合对于空降高管的存活和成功至关重要。因此，空降高管需要尊重老员工的经验和贡献，积极与他们沟通交流，寻求合作和支持。同时，老员工也需要调整自己的心态和态度，接纳和支持空降高管的工作，共同为企业的发展贡献力量。

6.文化、价值观的融合

文化和价值观的融合是提高空降高管存活率的重要因素。空降高管需要深入了解企业的文化和价值观，并努力将其融入自己的工作中。领导者在聘用空降高管时，一定要向他们灌输自己公司的文化和价值观，尤其是民营企业，领导者的文化就是企业的文化，这也是为什么领导者都会亲自面试空降高管，看两人之间是否有"化学反应"，看彼此是否有文化理念的交流与认同。同时，企业也需要对空降高管进行文化适应培训，帮助他们更好地融入企业的文化氛围中。通过文化和价值观的融合，可以增强团队的凝聚力和向心力，促进企业的稳定和发展。

总之，提高空降高管的存活率需要从多个方面入手，包括放权、信任、了解业务、找准痛点、配合，以及文化和价值观的融合等。只有在这些方面都做好了充分的准备和努力，才能确保空降高管顺利融入企业并取得成功。同时，也需要实控人和空降高管共同努力，相互支持和配合，共同推动企业的发展。

小结语

本节内容围绕空降高管难以留在企业里、难以长期存活的原因，包括融入难、信任建立难等问题。然后，给出企业如何才能留住空降高管的建议，最后针对如何提高空降高管存活率，提出了放权、信任、了解业务、文化融合等建议。

DISCERNING ABLE PEOPLE

第八章

做好人才分析,从源头打造人才供应链

第八章　做好人才分析，从源头打造人才供应链

供应链管理专家马丁·克里斯托弗说过这样一句话："真正的竞争不是企业与企业之间的竞争，而是供应链和供应链之间的竞争。"他所说的供应链就涵盖了人才供应链。

归根结底，企业竞争就是人才的竞争。人才是最重要的同时也是最关键的第一生产力。企业的发展离不开人才，既需要不断地引进人才，也需要定期地储备人才。

第一节 ┃ 稳健的人才供应链是企业制胜的关键

2008年，沃顿商学院教授彼得·卡佩利（Peter Cappelli）将供应链管理理念应用于人力资源管理并首先提出人才供应链概念："**基于企业的需求，在保证成本的前提下，让雇员、能力、职位迅速匹配，从而实现人才需求的快速满足。**"企业的成功不仅取决于物流、资金流、信息流，还包括人才流。尤其现在我们处于VUCA时代，不确定的因素太多而且变化多端，要想让企业持续、稳定地发展，就得建立完善的人才供应链。

国际知名猎头公司万宝盛华（Manpower）从2006年开始，每年都会对人才短缺情况进行调查，其调查报告也显示，人才紧缺现象一直存在，而大多数企业还是看重业务的经营、资金的充沛，常常因为业务需要或企业处于扩张期时才意识到人才的重要性，然后开始紧锣密鼓地招聘人才，因为人才需求急迫且要求到岗迅速，造成盲目进人，导致人才良莠不齐、断档，以及人才供应链断裂，从而制约企业发展，这是不重视打造人才供应链的企业家经常遇到的问题。

如果说资金链对企业发展至关重要，影响企业的运作，那么人才供应链则决定着企业资金链是否健康安全，决定着企业的资金链是否能够真正发挥其应有的价值。

第八章 做好人才分析，从源头打造人才供应链

举例 人才供应链断裂导致企业发展受损

资金链帮助企业实现短期目标，而人才供应链是企业长期可持续发展的保障。很多公司失败会直接体现在资金链的断裂上，但追根溯源是人才供应链的断裂。

我之前工作过的某控股集团在过去的几年中经历了快速增长和扩张时期，涉及多个领域和业务。然而，随着时间的推移，一些问题开始浮现出来，一方面，随着业务的快速扩张，人才供给没有跟上，缺乏足够的人才来支持其业务的快速增长，在需要的岗位上找不到合适的人，引进来的高管又不能在相应的岗位上发挥作用。另一方面，该公司在人才引进和培养方面也没有跟上其业务发展的步伐，导致其在项目开发、财务管理、市场营销等方面出现了诸多问题；引进的产品研发CEO对于市场产品需求类型了解得不够深入，对薄膜光伏产品相应的技术指标、材料特性预判掌握得不够准确，导致推向市场的产品与客户需求脱节严重、市场认可度低、客户购买欲望不足等，当出现这些问题后，导致业务决策方向也出现了问题，由于缺乏专业的团队，该公司在项目策划、投融资等方面也出现了很多问题，导致项目进度延误、产品不达标、成本超支等。另外，该公司在快速扩张的过程中，可能过于注重规模和市场份额，而忽略了财务管理和内部控制的重要性。过度依赖外部融资、不当投资、负债规模不断扩大等问题，最终导致了资金链的断裂。

此外，该公司在面临外部挑战时，可能没有及时调整战略和业务模式，导致其无法适应全球经济形势的变化和行业政策的调整，这也进一步加剧了其困境。

稳定和健康的人才供应链是企业成功的关键保障。如果该公司

157

在扩张过程中拥有足够的人才支持，并保持健康的资金结构，那么可能会避免资金链断裂的问题。因此，对于企业的发展而言，保持稳定和健康的人才供应链是非常重要的，它是企业成功的关键保障。

总之，人才供应链和资金链是企业发展中的两个重要环节，要全面、客观地评估企业发展所面临的风险和机遇，制定科学合理的发展战略，以实现企业的可持续发展。

小结语

举出某控股集团因为人才供应链断裂而导致企业发展受损的案例，指出稳定和健康的人才供应链才是企业成功的关键保障。

第二节 | 如何打造稳定的人才供应链

在VUCA时代及未来快速变化的商业环境中，企业的资金优势和产品优势会随着商业世界和客户需求快速变化。缺乏稳固的人才供应链，财务目标的实现只能是暂时的；但如果拥有稳固的人才供应链，哪怕出现短期的资金链危机，也能够通过优秀的人才和组织能力转危为安。

《基业长青》[1]一书中研究了18个包括3M、默克、惠普等卓越非凡、长盛不衰的公司的秘密，吉姆·柯林斯写道："从构建高瞻远瞩的公司的观点来看，问题不在于公司目前这一代表现得有多好，真正重要的关键问题是：公司在下一代、下下代、再下一代的表现有多好。"吉姆·柯林斯在这段话中明确表达了对于构建一个长期成功的公司而言，更为重要的是关注未来的发展和几代后的表现，而不是仅着眼于当前一代的表现。一个高瞻远瞩的公司不会仅满足于当前的成就，而是会持续地思考和努力，以确保在未来几代中仍然能够保持卓越和长盛不衰。这就需要公司具备远见卓识，打造一个稳定的人才供应链。

---

[1] [美]吉姆·柯林斯、杰里·波勒斯：《基业长青》，真如译，中信出版社1994年版。

举例 人才供应链管理确保企业的成功

某高科技企业是一家全球性的信息与通信技术解决方案提供商，其在人才供应链方面做得很不错，其成功在很大程度上归功于其出色的人才供应链管理，主要表现在以下几个方面。

一、全球化人才招聘

该公司在全球范围内开展招聘活动，不仅限于技术人才，还包括市场营销、研发管理、行政后勤等多个领域。这种全球化的招聘策略使得企业能够吸引到全球范围内的高素质人才，从而增强公司的整体竞争力。

二、校聘和社招相结合

它注重校园招聘和社会招聘的结合，以获取不同层次和经验的人才。校园招聘主要针对应届毕业生，以培养具备潜力和创新能力的新人；社会招聘则针对有一定工作经验的人才，以引进具备专业技能和经验的成熟人才。

三、内部推荐机制

建立内部推荐机制，鼓励员工推荐优秀的人才加入公司。这种机制不仅降低了招聘成本，还提高了招聘效率，同时也增强了员工的归属感和忠诚度。

四、选拔高素质人才

对应聘者有较高的要求，注重选拔具备专业技能和潜力的人才。通过严格的选拔程序，能够确保新入职的员工具备高素质，能够快速融入公司文化，并在工作中有出色的表现。

五、人才培养和晋升

这家科技企业注重人才的内部培养和晋升，建立了完善的人才发展体系。公司通过定期的培训和考核，评估员工的潜力和能力，并提供职业发展的机会。这不仅提高了员工的满意度和忠诚度，也确保了公司拥有充足的高素质人才。

六、激励机制

为了吸引和留住顶尖人才，该企业构建了多元化的激励机制，包括薪酬、奖金、股权等。这些激励措施能够满足不同层次人才的需求，从而更好地吸引和留住顶尖人才。

因此，我们可以看到该公司除了在人才供应链管理方面的成功之处，他们还注重人才的引进、培养、选拔和激励，通过建立完善的人才发展体系和多元化的激励机制，吸引和留住了大量高素质的顶尖人才。这种成功的人才供应链管理为其全球业务发展提供了强有力的支持，也是其成为全球领先的信息与通信技术解决方案提供商的重要因素之一。

小结语

以上案例说明这家高科技公司的成功在很大程度上归功于其出色的人才供应链管理。

第三节 | 全面盘点人才，构建完整的人才供应链

企业家杰克·韦尔奇曾经说："我最重要的工作，就是发现有潜质的人员并把他们放在合适的岗位上。"

全面盘点人才是构建人才供应链的基础，这一过程有助于企业清晰地了解自身的人才现状，包括人才的数量、能力结构、绩效表现等方面。

通过人才盘点，企业可以得知关键岗位的人才储备情况，识别出人才的优势和不足，找出高潜人才，制订出关键岗位的继任计划，以及全面评估人才的数量和质量。这些信息对于企业来说是非常重要的，有助于企业更好地进行人才管理。

我认为对于人才盘点可以从内部和外部两个方面来做，即结合内、外部的人才地图来做，一方面，结合内部人才地图从公司现有人力资源状况分析做内部的人才盘点；另一方面，结合外部人才地图分析做外部的人才盘点。这样内外部结合做出的人才盘点兼具宏观和微观的特点，可对人才有更全面、更精细的了解。

一、内部人才盘点：分析现有的人力资源状况

某知名高科技企业的创始人说过这样一句话："**人才不是核心能力，对人的能力进行管理的能力才是企业的核心能力。**"大多数企业

会定期盘点公司内部的人才情况，清查公司现有人员档案与实际人员情况是否相符，及时更新完善人才技能清单，在职人员岗位与公司和各部门岗位预算编制的匹配度如何，是否存在超编、缺编现象，现有人员的稳定性及可能存在的影响。

高层管理人员也可以借助人才盘点发掘经营骨干，将他们作为后续的人才进行培养，做好关键岗位的继任者规划。

人才盘点可以盘出以下几点：

（1）关键岗位是否有充足的人才储备？

（2）人才的优势和不足是什么？

（3）组织未来的高潜人才在哪里？

（4）关键岗位是否有继任计划？

（5）人才的数量与质量现状？

（6）近一两年来关键人才和管理岗位的绩效存在哪些问题？

（7）对于企业10%的核心人才，企业如何留住他们？采取什么样的激励机制和方式？

（8）对于企业10%有潜力的人才，企业如何对他们进行培训？

（9）对于企业10%绩效较差的人员，该如何处理？

在完成人才盘点后，下一步计划可以根据盘点的结果来解决以上问题：

- **关键岗位的人才储备**：如果发现关键岗位没有充足的人才储备，首先可能需要加大招聘力度，同时定期维护公司的人才池，跟踪人才池里的精英们；其次通过培训和发展培养内部有潜力的员工，制订人才培养计划。

- **人才的优势和不足**：针对人才的优势和不足，可以制订个性化的培训计划或者职业发展规划，以提升其个人能力。

- **高潜人才**：找出组织中的高潜人才并为这些人才提供更多的

发展机会，让他们在关键岗位上任职并赋予他们更多的职责和责任。
- **继任计划**：做好继任计划，在关键岗位上有A、B角色，B角色可以提前储备，确保在出现岗位空缺时，有合适的人选直接接任。
- **人才数量与质量**：全面评估现有人才的数量和质量，有助于了解组织的整体人力资源状况，如果发现人才不足或者人才质量不达标，可能需要加大招聘力度，给不达标的人培训机会或为其转岗，如果还不能胜任，则淘汰。
- **关键人才和管理岗位的绩效问题**：了解近一两年关键人才的KPI，根据KPI情况制订培训计划。
- **留住企业10%的核心人才**：核心管理人才在任何一家企业都是人才管理的重中之重，我们需要给他们提供领导力发展、做继任计划等，若需要绑定这部分核心管理层，企业也会吸纳他们成为合伙人。
- **针对企业10%有潜力的人才做培训**：盘点出来的另外10%有潜力的人才，企业应该针对他们自身的优劣势给予培训和培养计划，给他们提供良好的晋升机制等。
- **对于企业10%绩效较差的人员的处理**：盘点出来的10%绩效较差的人，要找出他们不达标的根本原因。对于这类人员，管理者应该与下属进行有效沟通，对于能力不足的员工给予培训、轮岗，如果培训、轮岗后依然没有进展，就直接淘汰。
- **根据人才盘点看未来**：根据人才盘点，可以明确未来的人力需求，包括各部门的岗位名称、数量，以及核心关键的岗位说明书和绩效标准等；为人才梯队建设做铺垫，未来需要补充的关键岗位，内部可以晋升的人员清单，内部人员调整岗位与重新组合的策略；明确组织内部的核心骨干人员，如何才能留住这些核心骨干人员，以及现有人员未来的晋升与调动，结合组织战略目标的实现，策划并实施培养计划；根据盘点情况为未来储备相关人才。

二、外部人才盘点：结合内、外部人才地图做分析

1. 什么是人才地图（Mapping）

人才地图就是系统性地了解、绘制、掌握外部关键人才的分布、地理位置的情况，并进行收集和分析的一个过程，能把企业需要了解的关键人才的公司、组织架构、资历、人员背景、职级、薪酬信息、有无跳槽意愿等摸清楚，有的放矢地了解到目标人选目前的职业信息。

2. 如何绘制人才地图

通常从三个方面来做：公司（行业）、岗位和人。

- **公司**：首先把目标公司或行业列出来。先找第一梯队，就是直接对标竞争对手的公司，并且把与之相关的上下游公司（行业）都列出来。如果第一梯队找寻了一段时间后，确认比较难寻找到合适的目标，我们再找第二梯队，与目标公司相似的公司。做人才地图时，需要了解公司的概况、创始人的简单情况、股东背景、公司成立的时间、公司是否上市、市值、核心产品及产品应用领域、主要核心团队的介绍、组织架构、行业上下游企业、核心人才的薪酬情况等。
- **岗位**：把公司地图做好后，我们再看岗位。看看我们要找的

岗位在对方公司的什么部门？岗位名称是什么？这个部门有多少类似的岗位，这些岗位的职责、KPI考核指标设定，以及薪酬范围等。

- **人**：我们需要了解该公司的组织架构，人选所在的部门，汇报对象是谁？有几位下属？人选跳槽原因及未来的职业生涯规划等。清楚人选所在组织的架构后，再看他的背景资料：学历、年龄、就职的公司及担任的职位等信息。然后进一步了解人选在该公司的工作职责是什么？业绩如何？什么时候加入的该公司？再了解一下他过往公司的背景、工作职责和业绩。

3.绘制人才地图的自我三问

（1）你知道该行业排名前三的公司都有哪几家吗？他们的组织架构和薪资结构是怎样的？关键岗位的核心人才是怎样构成的？这三家公司的人才特点是怎样的？他们在该公司工作多久了？业绩如何？他们的优势是什么？

（2）在吸引人才方面，自己公司在行业内的优势是什么？自己公司的雇主品牌口碑如何？外部是怎么看待自己公司的？行业内有哪些公司的招聘方式是可以借鉴的？为什么可以借鉴？怎么借鉴？

（3）你所在公司的直接竞争对手是哪几家公司？他们的组织结构和薪资结构是怎样的？核心岗位的人才特点是怎样的？这些核心岗位人才的稳定性如何？

以上这几个问题，作为招聘官都要有非常清晰的答案，这样才能做到知己知彼。

举例 电子玻璃运营总经理职位的人才地图

2021年，我在深圳的一家A股上市集团担任人力资源与人才储备部总经理，我三分之二的时间都用于为公司招聘高管，但是不用猎头，都是靠自己去搜寻人才，挑战是非常大的，那我是怎么做到的呢？人才地图起了非常大的作用。

我所在的是一家做各种各样玻璃的公司，如浮法玻璃、光伏玻璃、药用玻璃、电子玻璃等，我拿电子玻璃的人才地图根据以上我提到的公司、组织架构（岗位）和人员方面进行绘制，把这三者结合起来给大家做一个案例。

首先，我找出电子玻璃的目标公司，外资做得好的有美国K公司、德国X公司，国内做得好的有信某光能、福某特，然后是彩某新能源、南某集团、洛某玻璃、蚌某光电科技有限公司、东某光电等。考虑到K公司、X公司是外资企业，企业运作模式与国内不同，企业的价值观和人员工作习惯可能与国内企业不符，我立马就放弃了这两家公司。然后再通过了解，把注意力转移到东某光电，它是东某集团下面的一个事业部，在国内的一些城市都有自己的工厂，而且东某光电是国内最大的集液晶玻璃基板的装备制造、技术研发生产销售于一体的高新技术企业。因为东某光电和我在深圳A股上市集团的电子玻璃事业部一样，也是做微晶，于是我就把精力和时间都放在了解这家公司上，把它下面的几家子公司的组织架构也一并了解清楚（如图8-1所示），最终找到其下属子公司（郑州旭某光电）总经理，通过面试等认定该人选适合这个岗位，我把他引入公司后工作至今。

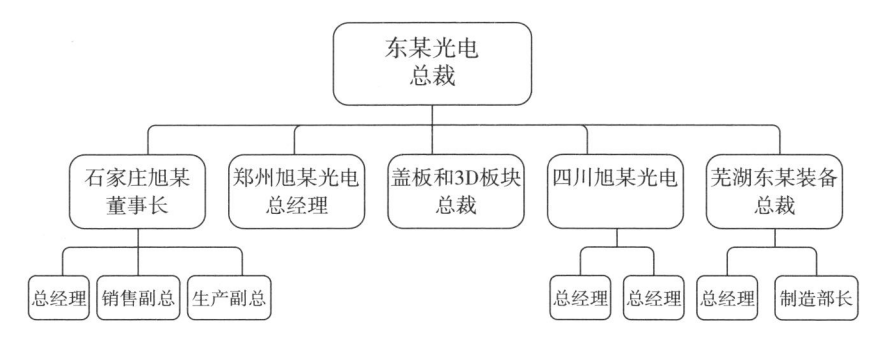

```
                    ┌─────────────┐
                    │  东某光电    │
                    │   总裁       │
                    └──────┬──────┘
        ┌──────────┬───────┼───────┬──────────┐
   ┌────┴───┐ ┌────┴───┐ ┌─┴──┐ ┌──┴────┐ ┌───┴────┐
   │石家庄旭某│ │郑州旭某 │ │盖板 │ │四川旭某│ │芜湖东某 │
   │董事长   │ │光电总经理│ │和3D │ │光电   │ │装备总裁 │
   │        │ │        │ │板块 │ │       │ │        │
   │        │ │        │ │总裁 │ │       │ │        │
   └───┬────┘ └────────┘ └─────┘ └───┬───┘ └───┬────┘
```

图8-1 东某光电的组织架构

在做人才地图时，我们一定要快速锁定目标公司的范围，避免大海捞针。我只给大家展现了一个初步的行业人才地图，随着你对该公司更细致地了解，就能得到更多的组织架构和人员情况，因为人才地图是动态的，作为一名招聘官要持续跟进，不断地迭代、更新、优化。

在绘制调研的人才地图过程中，有时我们也会遇到一些非常优秀的人才，但在短时间内不会考虑聘用他们，这种情况下我们会把人才信息先放进公司的人才库储备起来。

比如，我在深圳的A股上市集团工作时，会和总裁界定哪些职位是紧急职位，需要立即引入，哪些职位是重要职位，但是目前并不着急上岗的，就会先做储备。在搜寻人员之前先思考，把这些都想清楚了，再开始操作。

内外部人才的有效梳理和盘点将形成一股合力，构建出一个巨大的数据库，成为一个完整的人才地图。

小结语

做好人才分析，从源头打造人才供应链，全面盘点人才，结合企业内部和外部的人才地图分析企业人力资源的现状，针对这些现状做人才储备、人才发展和人才培养等，再结合外部的人才地图系统性了解外部人才市场的整体架构和布局，掌握外部人才市场的关键信息，通过内外部人才的盘点构建出一个巨大的数据库，成为一个完整的人才地图。

DISCERNING ABLE PEOPLE

第九章

企业如何与猎头"共舞"

第九章 企业如何与猎头"共舞"

第一节 ｜ 企业为什么需要猎头公司

随着企业的发展，企业的体量、业务模块、组织架构都在**动态变化着**，可能面临着业务模块新增或减少、覆盖市场新增或调整、业务部门领导变化等问题，这时候企业需要作出相应的人员部署，但是对企业即将做出的人员调整计划，尤其是高级人才的变化是不可能遍地撒网的。如果只是在网络上发布职位，则难以达到预期的效果；如果人员迟迟不能到位，则势必会影响公司新业务的开展以及项目的交付。这时候，企业就需要猎头公司的帮助了。

1. 中高端人才的"隐蔽性"和"稀缺性"

中高端人才在企业中占据着非常重要的地位，这部分人直接关系到企业的生死存亡，他们是企业的顶梁柱。企业家最想得到的就是人才，"得人才者得天下"。但是人才的组成和构成就像一个"金字塔"，越往上走，顶尖人才的数量就越少。如果仅靠人才市场、网络招聘是无法找到这些顶级和稀缺人才的，而HR自身的资源也有限，这时候专业的猎头公司就显得尤为重要了。另外，对于这些中高端人才来说，他们大多有较好的职位和待遇，如果想跳槽是不敢轻易在网站或人才市场直接暴露跳槽想法的，他们是"隐蔽"的，会私下和几个认可的、关系不错的猎头聊他们想看机会的事情。

同时，当企业开始多元化经营、进入新市场、拿下新项目，之前的人才满足不了企业的需求时，他们就会寻求猎头的帮助，而且在变革、扩张期间，也都需要猎头的帮助，毕竟企业里HR的精力和时间是有限的，专业的事情还是交给专业的人更合适；中高端人才的"隐蔽性"和"稀缺性"决定了寻找中高端人才必须依靠猎头公司的帮助。

2. 猎头具有保密性

对于企业而言，不希望自己的员工知晓企业计划对外招聘高管层职位，尤其是涉及人员被替换的问题；另外，企业也不愿意让竞争对手了解企业的最新动态。对中高端人才而言，他们大多是在职状态，需要在保密的状态下面试且不会危及目前的职业。而对于猎头公司来说，保密是基本的职业操守。

3. 猎头公司具有专业性

猎头公司里的一些优秀顾问能帮助企业分析所招职位的合理性，并对要招聘的岗位做出正确的评估，通过对外界同行业公司的了解，帮助企业确定一个切实可行的工资待遇与入职要求。

猎头顾问能为候选人提供客观真实的建议指导，并及时反馈给企业，猎头作为招聘方面的专家，能帮助企业了解目标市场的动态、人员架构及薪酬福利。而且，猎头顾问能帮助企业筛选、面试候选人，并帮助企业做好背调工作，为企业提供最合适的人才。

4. 猎头公司拥有丰富的人才数据库

"术业有专攻"。猎头公司就是以推荐中高端人才和猎寻为主的，他们拥有非常丰富的人才数据库，并且会实时更新人才库，同时拥有专业化的人才搜索技术；对市场有很深的洞察力和敏锐度，对行业也有很深刻的了解，因为猎头公司有自己擅长的细分领域，细致分化到每个顾问有针对性地负责某个行业的人才搜索，这部分内容我会在第二节如何挑选猎头供应商里详细展开，总之，猎头公司有专业性的人才寻访技术，擅长绘制人才地图、了解行业动态，能在短时间内快速帮助企业招聘到所需的目标人才。

5.确保成本的有效性

使用猎头公司能在短时间内帮助企业找到合适的人才，能帮助企业快速开展新项目，抢占市场先机；另外，猎头公司了解高端人才薪酬的市场行情，能帮助客户给候选人一个合理的薪酬，并能帮助客户做好背调及有关聘用条件方面的协商。

小结语

中高端人才在企业里占据很高的地位，寻猎他们一定需要猎头公司的帮助和支持，专业的猎头公司不仅拥有丰富的人才库和人脉，还有非常好的市场洞察力及敏锐度，保密性也有保障。

第二节 ┃ 如何挑选猎头供应商

为了能够找到最适合企业岗位的人才，猎头公司在其中起到的作用是非常大的，但是猎头市场鱼龙混杂，企业HR想要和猎头公司合作就要找成立时间比较久的、有一定品牌度的公司。那么如何挑选猎头公司呢？我认为以下几点可以作为参考。

1. 参考口碑和评价

了解该猎头公司的规模、在行业内的口碑以及其他HR或候选人对该猎头公司的评价和反馈，也可以通过一些行业协会、论坛等获取信息，或搜索互联网上的评价、社交媒体上的讨论等。

2. 考察专业能力

了解猎头公司顾问的专业能力和背景，以及他们过往的经验、行业知识和成功案例等。

3. 了解猎头行业的细分领域

"术业有专攻"，专业的、口碑好的猎头都有自己的细分领域和赛道。比如，按行业划分有：大工业（工程机械、制造业、化工等）、新能源（风电、光伏、储能）、医疗大健康（医药、医美）、消费、互联网、房地产、金融等；按职能划分有：HR行政、财务、法务、战略、投资、运营、生产、技术、设备、产品、研发、品牌、市场、销售等；其还有自己的细分赛道，如新能源行业，既有做电池组件、逆变器、系统集成的，也有做储能、动力电池的等。根据猎头公司的行业专长，选择与企业相关或在类似领域拥有成功案例的猎头公司，方能更好地理解企业的需求，招聘更加匹配的人选并提供更精准的服务。

4.选择与企业类似的细分领域的猎头公司

像我目前任职的公司就有两大块领域做得不错，一块是医药行业，国内排名前十的医药公司都与我们有合作，而且在医药的细分市场我们也比较垂直，有医药公司、大健康、临床、医生等，我们为企业提供的服务也不错，受到客户的一致好评。另一块就是新能源的业务，我们目前与新能源的几家头部企业合作，既有做电池组件、逆变器的，也有做储能动力电池的，给他们招聘技术、研发、运营、财务、战略、销售及一些专家岗。

5.多进行沟通和交流

企业HR除与猎头公司进行电话沟通、面对面的沟通外，最好定期举行一场猎头供应商大会，使他们了解你所在企业所处的阶段以及所做的业务，了解他们的工作方法、人才积累及过往推荐的成功案例等。清楚地给他们讲解职位及企业的架构，让他们彻底了解公司的业务和战略，和他们形成业务伙伴的模式，多花时间沟通和交流，这样他们才能有针对性地帮助企业物色人选，为企业招聘到优秀的人才。

6.职业操守

选择一个严格遵守保密协议、遵守道德规范的猎头公司，对一些保密职位要做到守口如瓶。

7.选择5—10家猎头公司进行对比

通过对比多家猎头公司，可以更好地了解他们的优劣势，也能让这些公司之间产生良性竞争，了解他们过往的成功案例，从而找到最合适的合作伙伴。快速提升人选的质量与到位速度，而猎头顾问也需要和一位专业、靠谱的HR合作，实现双赢。猎头公司不能找太多，否则会分散HR的时间和精力，管理成本也高，效果还不好。

小结语

规范的猎头公司通常有自己的细分领域和赛道，企业应选择与自己行业相符的猎头供应商，这样才能彼此成就、互惠互利！

第三节 ｜ 人才经纪人成为未来的趋势

一、什么是经纪人？

经纪人是在演出经济活动中，以收取佣金为目的、为促成他人交易而从事居间、行纪或者代理等经纪业务的自然人、法人和其他经济组织。经纪人最基本的工作就是通过中介业务来促成交易。

经纪人是个古老而新兴的行业，文化界、体育界、影视界、娱乐界的明星人物，都有自己专门的经纪人，为其代处理繁杂事务、牵线搭桥、洽谈业务、对外宣传、接受媒体采访等，一些资深的经纪人则负责其整体规划、定位及其他安排等。

最近几年孕育了一种人才经纪人，它的出现整合了企业的招聘需求和人才的供给，使双方的供需得到及时传递，可以说人才经纪人是人才和企业方的中间人。我认为人才经纪人和猎头有相似之处，可以看成猎头的一种延伸，它的出现是人才市场竞争与发展的产物，但又和猎头有一定的区别。

二、人才经纪人与猎头的区别

在国外，猎头除了"headhunting"这样的俗称，还有一个很专业的名字叫"executive search"——高层行政人员招聘，与律师、会计师等行业有着相似的地位，是受人尊敬且薪水很高的"黄金"职业。

猎头是一种专业的人才寻访服务，也可称为高端人才寻访或高端人才中介。猎头公司的主要职责是为客户（通常是企业）搜索、追踪、评估、甄选并提供他们所需的高端人才。这些人才通常具有良好的教育背景、工作经验和技能，能够在企业的关键岗位上发挥重要作用，推动企业的发展和成长。

"猎头"这个词的起源可以追溯到"二战"后的欧美国家。当时，这些国家需要从德国等国家寻找科学家和其他专业人才，于是他们就像狩猎一样，派遣专业公司去物色这些优秀人才。猎头，一个地地道道的"舶来品"，其英文单词为"headhunting"或"headhunter"，也是人们通常所说的"挖墙脚"。这个词后来被借用成为猎寻人才，传到国内又把原来的含义拿过来叫"猎头"。

猎头公司的服务过程通常包括以下几个步骤：首先，他们会与客户进行深入沟通，了解客户的具体需求和职位要求；其次，他们会通过各种渠道寻找潜在的目标人才，这可能包括打Cold call（陌拜电话）、社交媒体、行业会议、熟人推荐等；再次，他们会对目标人才做人才地图、人才画像，甄选简历，去目标公司猎寻并面试人选，以确保他们符合客户的要求；最后，他们会将合适的人选做成报告推荐给客户，并协助客户做薪酬谈判，让客户给出offer后再做候选人的背景调查。

在整个过程中，猎头公司充当了企业和人才之间的桥梁和纽带，不仅帮助企业找到了合适的人才，也帮助人才找到了合适的工作。这种服务方式不仅节省了企业和人才的时间和精力，也提高了招聘的效率和成功率。

人才经纪人的核心职责是帮助企业梳理和明确招聘需求，寻找合适的人才，为企业和候选人提供高效的匹配服务。人才经纪人的工作并不仅限于传统的猎头服务，如帮助企业找人（类似猎头现在做的工作），同时还可以帮助企业寻找与行业匹配的猎头公司进行合作，通过了解不同猎头公司的专业领域、服务质量、成功案例等信息，为企业推荐最合适的合作伙伴，从而帮助企业更加高效地开展人才招聘工作。人才经纪人还能全面地参与到企业的人才引进和候选人职业发展的过程中。

　　我目前从事的就是猎头行业，猎头是以人才寻访为主，给企业提供人才，完成项目交付，在这个过程中猎头是一手拖两方，一是为企业匹配人选，二是为人选匹配企业，要为双方考虑。人才经纪人则是站在客户角度帮助客户绘制人才地图以及岗位画像，然后接受客户委托，甚至代表客户整合猎头资源，协同猎头一起寻找合适人才；此外，人才经纪人还能帮助企业制订招聘方案，执行招聘计划，甚至可以代替企业组织发展的职能，帮助企业在人才选、用、育、留等各方面发挥作用，为企业提供长期的战略方向，同时还能给企业设计绩效方案、提供薪酬报告，帮助企业了解目标公司的薪酬情况等。

举例　人才经纪人帮助企业提供匹配服务

一、案例背景

　　一家快速发展的互联网公司（以下简称A公司）正在寻找一位资深产品经理来领导其核心产品的开发和优化。A公司对这位产品经理的要求非常高，不仅需要具备深厚的产品经验和敏锐的市场洞察力，还需要能够与团队紧密合作，推动产品的不断创新和发展。

二、人才经纪人介入

　　A公司决定与一家知名的人才经纪公司合作，寻找合适的候选人。

这家人才经纪公司派出了一位经验丰富的人才经纪人负责这个项目。

三、服务流程

1. 需求理解：人才经纪人与A公司的HR团队进行了深入沟通，详细了解了A公司的业务背景、产品特点、职位要求以及对候选人的期望。

2. 人才搜寻：基于A公司的需求，人才经纪人利用自己的数据库和人脉网络，寻找了多位资深的产品经理候选人。他仔细筛选了候选人的简历了解他们过往的工作经历，确保他们符合A公司的要求。

3. 候选人评估：人才经纪人对筛选出的候选人进行了深入的评估。他通过面试、背景调查以及与候选人的前同事、上级沟通等方式，全面了解候选人的专业能力、性格特点、职业规划等。

4. 候选人推荐：经过评估，人才经纪人向A公司推荐了两位最符合要求的候选人。他详细介绍了候选人的背景、优势和特点，并帮助A公司安排了面试。

5. 沟通协调：在面试过程中，人才经纪人作为中介，协助A公司和候选人进行沟通和协商。他解答了候选人对于职位和公司的疑问，同时也向候选人传达了A公司的期望和要求。

6. 后续支持：最终，A公司成功录用了其中一位候选人。人才经纪人还提供了后续的支持和跟进服务，帮助候选人更好地适应新环境和新角色。

四、案例结果

通过人才经纪人的专业服务，A公司成功地找到了一位合适的产品经理，并成功推动了核心产品的开发和优化。候选人也在新的岗位上发挥出色，为公司的发展做出了重要贡献。同时，人才经纪人的服务也大大提高了A公司的招聘效率和质量，为公司节省了大量的时间和精力。

第九章 企业如何与猎头"共舞"

这个案例展示了人才经纪人如何通过深入理解企业需求、广泛搜寻人才、候选人筛选与评估、候选人推荐与面试安排、沟通协调与谈判支持，以及后续支持与跟进等服务，为企业提供高效的匹配服务。

举例 人才经纪人如何帮助企业在人才选、用、育、留等方面发挥作用

一、案例背景

一家大型制造企业（以下简称B公司）面临人才流失和招聘难题。由于行业竞争激烈，B公司目前的优势难以吸引和留住优秀的研发工程师。同时，公司内部的培训和发展体系也需要进一步完善，以提高员工的满意度和忠诚度。

二、人才经纪人介入

为了解决这些问题，B公司决定与一家专业的人才经纪公司合作，共同打造全面的人才管理方案。

三、服务流程

1.人才策略制定：人才经纪人与B公司的管理层进行了深入沟通，了解了公司的业务目标、人才需求和挑战。基于这些信息，人才经纪人制定了一套针对B公司的人才战略，包括吸引外部人才、培养内部员工、提升员工留存率等。

2.外部人才吸引：人才经纪人利用自己的数据库和人脉网络，为B公司寻找了多位优秀的研发工程师候选人。同时，他还协助B公司优化了招聘流程和面试技巧，提高了招聘效率和成功率。

3.内部员工培训：针对B公司内部员工的培训和发展需求，人才经纪人提供了一系列的培训课程和发展计划。这些课程旨在提升员工的技能水平、职业素养和团队协作能力，为公司的长远发展奠

定人才基础。

4.员工留存提升：为了降低员工流失率，人才经纪人建议B公司建立更加完善的员工福利制度和激励机制。同时，他还协助B公司开展了员工满意度调查和离职面谈，以便及时了解员工的需求和反馈，进一步优化人才管理策略。

四、案例结果

通过与人才经纪人的合作，B公司成功吸引并留住了多位优秀的研发工程师。公司内部员工的培训和发展体系也得到了极大的完善和提升，员工满意度和忠诚度明显提高。这些改变不仅提升了B公司的整体竞争力，还给公司带来了更加稳定和可持续的发展。

这个案例展示了人才经纪人如何通过制定人才策略、吸引外部人才、培训内部员工和提升员工留存率等服务，全面帮助企业解决人才管理问题。他们的专业知识和丰富经验使得企业能够在激烈的市场竞争中保持优势，实现持续的发展和创新。

小结语

在本节作者提到一个亮眼的词：人才经纪人。人才经纪人和猎头有相似之处但又不同于猎头，他们作为企业和候选人的载体，其工作并不仅限于帮助企业找人，还可以帮助企业寻找与行业匹配的猎头公司进行合作，做一些原本是HR所做的工作，如帮助企业制订招聘方案，执行招聘计划，帮助企业在人才选、用、育、留等各方面发挥作用，为企业提供长期的战略方向，还能给企业设计绩效方案、提供薪酬报告，帮助企业了解目标公司的薪酬情况等。作者用两个案例详细地说明了人才经纪人的作用，并认为人才经纪人是未来的发展趋势！

DISCERNING ABLE PEOPLE

第十章

VUCA 时代下招聘官所面临的挑战

| 第十章　VUCA时代下招聘官所面临的挑战 |

第一节 | VUCA时代带来的影响

一、什么是VUCA时代？

前文已经对VUCA进行了解释说明，VUCA原本用于描述新的国际政治经济环境的不确定性和复杂性。VUCA分别是易变性（Volatility）、不确定性（Uncertainty）、复杂性（Complexity）和模糊性（Ambiguity）。随着时间的推移，这一概念被广泛应用于商业管理、领导力发展、教育和个人生活规划等多个领域，成为理解和应对快速变化世界中不确定性和复杂性的重要工具。

二、VUCA时代带来的影响有哪些？

在VUCA时代，各行各业都感受到了前所未有的冲击和变化。这种环境的特性，即易变性（Volatility）、不确定性（Uncertainty）、复杂性（Complexity）和模糊性（Ambiguity），给企业的经营和管理带来了前所未有的挑战。以下是对这些挑战的更深入分析：

1. 易变性（Volatility）

- **市场动态**：市场需求的瞬息万变使得企业面临预测与调整生产及销售策略的巨大挑战。某些行业可能因突如其来的市场因素遭受重创，而其他行业则可能因此获得意想不到的机遇。例如，旅游业及包括影视影院在内的文化娱乐行业，受特定市场条件的影响，长时间处于低迷状态或运营受限，导致收入锐减，从业者面临严峻挑战；航空业、餐饮业、物流运输及教育行业等同样在此类市场变动中承受了巨大压力。与此同时，知识付费行业、直播行业以及与健康防护相关的产品（如防护用品）等则因市场需求激增而蓬勃发展。

- **政策变动**：政府的政策和法规可能随着国内外形势的变化而频繁调整，企业需要时刻关注政策动态并作出相应调整。

2. 不确定性（Uncertainty）

- **市场与外部环境波动**：市场与外部环境的频繁波动和不确定性对企业的生产、供应链及销售等方面构成了显著挑战。企业需要保持高度灵活性和应变能力，以快速适应各种可能出现的突发状况和不可预测的市场变化。这就要求企业具备敏锐的洞察力、高效的决策机制以及强大的适应能力，以在不确定性中寻找机遇并降低风险。
- **全球经济形势**：全球经济的起伏、货币汇率的波动等因素都可能对企业的国际业务造成重大影响。

3. 复杂性（Complexity）

- **技术更新**：新技术的不断涌现和更新速度的加快，要求企业不断学习和适应新技术，以维持其在市场上的竞争力。拿我所在的光伏行业举例，在光伏行业中，组件电池的技术迭代速度非常快，尤其是在技术研发的时间成本和资金成本方面，因此一些中小型企业就有被淘汰的危险。

- **业务多元化**：随着市场的不断变化，企业可能需要不断拓展新的业务领域或进入新的市场，这就增加了企业管理的复杂性。
- **人才竞争**：在竞争激烈的市场环境中，如何吸引和留住优秀人才成为企业面临的一大挑战。

4.模糊性（Ambiguity）

- **未来预测**：由于市场环境的不确定性和技术的快速发展，企业很难准确预测未来的市场趋势和技术走向，这使企业的战略规划变得异常困难。
- **信息过载**：在信息爆炸的时代，如何筛选出对企业有价值的信息并作出正确的决策成为企业面临的一大难题。

这些因素共同构成了一个充满不确定性的VUCA时代，给企业的持续成长带来了严峻考验。因为我从事招聘工作，所以主要探讨VUCA时代对招聘的影响。

小结语

本节首先给出VUCA的定义，然后分析VUCA时代给市场带来的影响。

第二节 | VUCA时代的"职位说明书"变革

VUCA时代背景下，传统的职位说明书已难以适应快速变化的工作环境和工作要求。因此，VUCA时代下的"职位说明书"需要进行一些变革，以更好地应对不确定性和复杂性。

以下是一些可能的变革方向。

- **更加灵活和动态**：传统的职位说明书往往是一种静态的描述，而在VUCA时代，工作要求和环境可能会不断变化。因此，职位说明书需要变得更加灵活和动态，能够适应变化并随时进行调整。
- **强调核心能力和技能**：在VUCA时代背景下，工作的具体内容和职责可能会发生变化，但一些核心能力和技能却是通用的。因此，职位说明书可以更加强调员工的核心能力和技能，以便员工能够更好地适应不同的工作要求和环境。
- **突出团队合作和跨部门协作**：在VUCA时代背景下，企业更加注重团队合作和跨部门协作。因此，职位说明书可以更加注重描述员工在团队和跨部门协作中的角色和责任，以促进更好地合作和沟通。
- **注重创新和学习能力**：在VUCA时代背景下，企业需要不断创新和适应变化。因此，职位说明书可以更加注重员工的创新能力和学习能力，鼓励员工不断学习和探索新的工作方式和方法。

- **更加强调行业的专注性**：在VUCA时代背景下，人力资源、财务、法务、战略等职务，都不再是泛行业了。我现在合作的不少客户都是新能源的客户，要给某新能源公司招聘一名法务总监，企业都要求候选人具有光伏行业的经验，哪怕候选人非常优秀，哪怕是来自新能源汽车的法务总监，若没有光伏行业经验也难以胜任。所以不管是对企业内部的招聘官还是对猎头顾问而言，这都是非常大的挑战。

总之，在VUCA时代背景下，职位说明书需要不断进行变革和更新，以适应快速变化的工作环境和工作要求。通过强调核心能力和技能、突出团队合作和跨部门协作以及注重创新和学习能力等方面的变革，可以帮助企业更好地应对不确定性和复杂性，提高员工的工作效率和企业的竞争力。

我们通过两个具体的案例对比来说明这种变化。

举例 传统职位说明书（非VUCA时代）

职位名称：海外薪酬激励专家

工作职责：

1.负责海外营销的股权激励体系搭建和政策设计；

2.关注全球股权薪酬激励趋势，分析国际市场薪酬数据，不断完善股权激励方案；

3.参与集团高管激励方案设计，建设和完善集团长期激励政策；

4.协同财税法和IT等内外部团队，指导下属单位，确保相关政策的高效运营。

任职要求：

1.本科及本科以上学历，8年及8年以上薪酬工作经验；

2.熟悉薪酬福利体系和政策构建，如岗位评价、薪酬调查、薪酬设计、福利设计工等；

3.熟悉高管薪酬方案设计、长期激励机制搭建，特别是要具有海外营销股权激励实操经验。

举例 VUCA时代下的职位说明书变革

职位名称：海外薪酬激励专家

1.高科技背景：国内外知名大公司；

2.专业度高：做过海外销售的中长期激励并熟悉其他公司的激励模式；

3.具有领导力：推动业务的能力强、跨部门沟通及协调能力强、落地实操的能力强；

4.外语能力：良好的英文听说读写能力；

5.出差频次：海外工作经验6个月左右。

在这个案例中，我们可以看到，VUCA时代下的职位说明书不再写得那么细致，如工作职责、任职要求；而是用简单的几个词高度概括海外薪酬激励专家人选的几个关键点、句子，直接输出重点，一目了然。

不确定的时代有很多不确定性因素，在现实的工作环境里，因为公司发展得太快，业务条线多、业态复杂、技术迭代快，再想按部就班地像以往的HR一样给一个个职位描述定义得那么清楚，就不容易了，这无疑提高了对"金牌招聘官"的要求。他们需要参与到业务中，对领导者的要求、公司的战略及组织的发展阶段有清晰的了解，要能快速把好领导者的脉，基于对业务的了解，需要快速判断公司需要什么样的人，并快速给公司衍生出新的职位来，又或许新的职位马上会过时，就需要立即调整业务，产生新的招聘需求。如果之前的人去了新岗位，那么空缺的岗位就需要快速补充。

我目前回到猎头行业里的感受就是，我们在推荐人选的过程中，部分公司的HR总在不断地调整方向，他们对自己的业务并不是那么清晰，想把原本做得很大的业务做得更大更强，也会尝试做一些跨界业务；一些职位可能就因为企业没有想得太明朗而被暂缓或取消。而对于一些职能岗位，如人力资源、财务、法务、战略等都需要有相同行业背景的人才行，像以前那种泛行业背景的人，企业就不考虑了。

小结语

本节提到了VUCA时代职位说明书的变化，用两个例子对比了非VUCA时代和VUCA时代职位说明书的变化，结合了作者本身身处职场一线的一些体会和感悟。

第三节 | 如何应对VUCA时代的招聘变化

21世纪数字经济的崛起给企业的经营模式、战略规划和人力资源管理都带来了深远影响。企业逐渐认识到，人力资源不仅是企业运营的基础，更是一种能够产生高回报的战略性资本。

在数字经济时代，企业对人力资源的投入产出比进行了更为精细的考量。过去，企业可能更关注人力资源的成本控制，而如今，企业开始重视人力资源的效能和回报率。这是因为，随着科技的进步和市场竞争的加剧，人才成为企业最宝贵的资源。一个优秀的员工不仅能够完成本职工作，还能为企业带来创新、提升品牌形象和增强市场竞争力。

因此，企业开始从战略的高度来重视人力资源管理。他们不再仅将人力资源视为一种成本，而是将其视为一种能够为企业创造长期价值的资本。在这种观念下，企业开始加大对人力资源的投入，包括培训、激励和职业发展等方面。他们致力于激发员工的潜能，提升员工的综合素质和专业技能，从而让其为企业创造更大的价值。

同时，企业在人力资源管理上也更加注重个性化和差异化。在数字经济时代，企业的运营模式和业务模式都发生了巨大的变化，这就需要员工具备更加多元化和灵活的技能。

在VUCA时代，企业不仅会受国家政策、环境影响，而且会因为业务变化多端，使得自己公司的战略和业务走向变得不明朗，业务模式也会时刻作出调整，很多时候领导者也无法确定到底什么样的人适合企业、业务部门需要多少人员编制，HR也就无法做成人员规划，无法了解和判断企业到底需要招聘多少人，需要什么样的人。只能尝试新业务，摸着石头过河。因此，招聘官面临着一系列的挑战和机遇。

那么，招聘官在这种情况下如何应对不确定性？以下是几点建议：

- **快速调整招聘策略**：数字经济的快速发展使得技术、行业和市场的变化日新月异。企业招聘官需要时刻保持敏锐的市场洞察力，根据业务需求和市场变化快速调整招聘策略。这要求招聘官不仅要具备丰富的招聘经验，还要具备快速学习和适应新环境的能力。

- **人才需求的多元化**：在VUCA时代，企业面临着复杂多变的市场环境和业务需求，因此对人才的需求也会更加多元化。招聘官需要更加关注候选人的综合素质、专业技能和潜在能力，而不仅仅是单一的学历或工作经验。学历和能力相比，作为十几年的招聘官我认为能力更重要，而学历是对研发、技术人才更为重要和最为看重的一个方面，对企业招聘管培生、培养高潜人才也更为重要，但是对于普通的职能岗位、销售岗位，能力一定是最重要的。随着远程工作和灵活工作模式的兴起，招聘官还需要考虑候选人的工作地点和工作时间等因素，如一些高科技公司、游戏公司等会给予非常灵活的工作时间和舒适的工作环境。

- **建立灵活的人才招聘策略**：企业可以制定一个灵活的人才招聘策略，包括建立一个能够快速响应业务需求的人才库，和各部门业务老大多沟通，了解他们的需求，同时也要了解目标公司的人才走向，提前做好人才储备。这样，当业务需求发生变化时，企业可以迅速从人才库中筛选和联系合适的候选人。
- **加强与业务部门的沟通**：招聘官需要定期与业务部门进行沟通，了解他们的需求和期望。通过建立紧密的合作关系，招聘官可以更好地理解业务的变化，同时也要通过各种渠道了解外部竞标公司的业务和人员情况，并为之提供相应的招聘解决方案。
- **采用敏捷的招聘流程**：传统的招聘流程可能需要很长时间才能完成，但在VUCA时代，企业需要更快地填补职位空缺，以避免竞争公司抢先一步。因此，招聘官可以加快面试过程、简化筛选标准等，以快速吸引和招聘到合适的人才。
- **注重候选人的潜力和适应性**：在不确定性较高的环境下，企业更注重候选人的潜力和适应能力。因此，招聘官可以在招聘过程中更加注重评估候选人的这些方面，如通过前面我提到的行为面试、案例分析等面试方式来评估候选人的潜力和适应性。
- **利用社交媒体和职业平台**：社交媒体和职业平台是寻找潜在候选人的重要渠道。招聘官可以在微信朋友圈发布招聘广告，也可以在相关的社群、短视频及招聘网站上发布招聘信息，与候选人建立联系，并及时了解行业内的最新动态和人才趋势。
- **保持持续学习的能力**：在VUCA时代，企业需要不断学习和适应变化。招聘官可以推动建立持续学习的文化观，鼓励员工参加培训、研讨会等活动，以提升自己的专业能力和市场敏感度。
- **雇主品牌的打造**：在VUCA时代，企业的雇主品牌成为吸引人才的重要因素之一。招聘官需要积极参与雇主品牌的打造和推广，通过良好的企业文化、员工福利待遇和职业发展空间等方式提升企业的吸引力。这不仅可以吸引更多优秀人才加入企业，还可以提高员工的忠诚度和工作积极性。
- **持续反馈和调整**：招聘官需要定期回顾和评估招聘策略的效果，并根据反馈和业务需求进行调整。通过持续的反馈和调整，企业可以不断优化招聘策略，以适应不断变化的市场环境和业务需求。

小结语

VUCA时代对招聘的影响，作为招聘官如何应对，作者给出了一些建议。

第四节 ｜ VUCA 时代企业如何适应招聘业态，调整招聘手段

一、招聘业态变化的多样性

- **灵活用工**：企业越来越倾向于采用灵活的用工模式，如项目制合作、临时工、自由职业者等，以适应业务的快速变化和不确定性。比如，一些初创企业在业务初期阶段，会招聘一些资深财务做顾问，一周三次，还会引进一些项目制的合伙人，除降本增效外，也会适应这种不确定性。猎头公司也采取了一些灵活用工模式，他们会聘请一些真正有能力、能交付的猎头为正式员工，然后会找一些兼职顾问，在家里办公或是负责某一个项目；建立体系化业务合伙人机制，通过合伙人机制分担和共享利益与风险，并做好企业传承等。
- **人才共享**：共享经济的发展也影响了招聘业态，企业通过共享平台借用其他企业的人才资源，实现资源的优化配置。
- **远程招聘**：随着技术的发展，远程工作和在线招聘越来越普遍，企业可以通过线上平台寻找并雇用远离办公地点的候选人。
- **跨界招聘**：企业开始从其他行业或领域寻找人才，以实现业务的跨界融合和创新。

- **内部晋升与转岗**：为了应对外部人才市场的不稳定性，企业更加注重内部人才的培养和晋升，以加强内部造血能力，形成稳定的人才梯队体系，通过内部转岗来满足不同业务的需求。
- **加强团队间竞争合作文化**：通过内部合作实现资源最大化利用，营造内部良性竞争体系。

二、招聘手段的创新

- **社交招聘**：利用社交媒体平台来发布招聘信息吸引候选人，并通过社交互动来建立企业雇主品牌形象。
- **大数据与AI技术**：通过大数据分析和人工智能技术来筛选简历、评估候选人，提高招聘效率和精准度。
- **视频面试**：利用视频通话技术进行远程面试，减少时间和地点的限制，提高面试效率。
- **虚拟现实（VR）技术**：通过VR技术为候选人提供沉浸式的公司介绍和职位体验，增强候选人的参与感和对企业的了解度。
- **在线测评**：采用在线的心理测评、技能测试等方式来评估候选人的能力和潜力，为招聘决策提供科学依据。
- **员工推荐**：鼓励内部员工推荐合适的人才，通过员工网络来扩大招聘范围和提高招聘质量，企业员工人人都参与招聘。
- **校园招聘与实习项目**：重视校园招聘和实习项目，通过早期培养和投入，建立稳定的人才梯队。

在VUCA时代，企业需要根据业务的变化和市场的需求，灵活适应招聘业态，调整招聘手段，以快速响应和满足企业的人才需求。

举例 招聘策略调整

一、背景

某高科技企业作为一家技术领先的公司，需要不断吸引和保留顶级人才以维持其竞争优势。在 VUCA 时代，该企业意识到传统的招聘策略需要进行调整，以适应快速变化的市场和人才需求。

二、策略调整

1.强化内部推荐：该企业鼓励员工推荐自己认识的人才，这种内部推荐方式通常能够筛选出更高质量的候选人，因为员工更了解公司的文化和需求，同时员工推荐的人也大多知根知底，员工本身就是很好的背书。

2.重视远程工作：随着远程工作趋势的兴起，该公司开始招聘更多的远程员工，这不仅扩大了招聘范围，还吸引了那些不愿意或不能搬迁到公司所在地的优秀人才，他们在家中就可以实现办公。

3.招聘多元化人才：为了应对不断变化的市场需求，该企业开始从非传统背景和专业领域招聘人才，如艺术、人文和社会科学等领域，这些人才的加入给该企业带来了新的思维和创意。

三、成果

通过这些策略调整，该企业成功地吸引了更多顶级人才，提高了招聘效率和质量，同时也保持了公司文化的多样性和包容性。

举例 招聘技术创新

一、背景

某高科技企业作为全球电商和云计算领域的领导者，需要处理大量的招聘需求。为了应对招聘过程中的挑战，该企业积极采用先进的技术手段来提高招聘效率和准确性。

二、技术创新

1.大数据和AI辅助招聘：该企业利用大数据和人工智能技术来筛选简历和评估候选人，这大大提高了招聘的准确性和效率。

2.虚拟现实面试：为了给候选人提供更真实的面试体验，该企业采用虚拟现实技术进行面试，候选人可以通过VR眼镜参观公司办公室，与面试官进行互动。

3.在线技能评估：该企业开发了一系列在线技能评估工具，用于评估候选人的编程、语言和其他专业技能，以确保他们具备完成工作所需的能力。

三、成果

通过这些技术创新，该企业显著提高了招聘的效率和准确性，缩短了招聘周期，同时也为候选人提供了更好的面试体验。这些举措有助于该企业吸引和保留顶级人才，支持其业务的快速发展。

这两个案例展示了企业在VUCA时代如何调整招聘策略和技术手段来应对挑战和满足业务需求。通过灵活适应招聘业态和采用创新的招聘手段，企业可以更好地吸引和保留人才，保持竞争优势。

小结语

企业如何适应VUCA时代下的不确定性，将采取什么样的招聘策略和招聘手段？作者用两个案例给予了解答。

DISCERNING ABLE PEOPLE

第十一章

AI（人工智能）对未来职业的影响

第十一章 AI（人工智能）对未来职业的影响

我在2019年出版的《金牌招聘官是怎样炼成的》一书的最后一章中，曾提及大数据时代的到来对传统工作模式和思维习惯的深刻变革，以及对人力资源领域产生的巨大影响。数据化的人力资源管理不仅为我们提供了更加精准、高效的信息分析，同时，其高效性也极大地推动了数据信息化模式的进步。随着大数据、云计算、区块链等尖端技术的飞速发展，人才管理正逐步迈向智能化。

过去的五年间，人力资源领域的专家们稳步迈入了智能科技的浪潮之中，特别是随着高级人工智能系统的迅猛发展，这些系统在候选人评估、构建交互式助手处理日常咨询，以及自动化解决员工基础问题等方面展现出了核心价值。

对于未来的职场精英而言，拥抱并精通这一前沿技术，不仅将成为提升工作效率的利器，更是推动个人职业发展、实现职业晋升不可或缺的能力。

第一节 | AI 对工作产生的影响

AI 技术的发展正在不断改变各行各业的工作方式，一些行业和职位由于其工作性质和特点，更容易受到 AI 技术的冲击和取代。

一、AI 最有可能取代哪些工作？

- **客服与支持岗位**：AI 的自然语言处理能力使得它能够处理大量的客户咨询和常见问题。例如，可以用于自动回复客户邮件、在线聊天等，这可能会减少对传统客服人员的需求。
- **数据处理**：AI 可以自动化处理和分类大量的文本数据，如邮件、聊天记录和评论等。这样，在数据处理方面需要花费大量时间和精力的行业，如市场研究和情报分析，可以通过 AI 提高效率、减少重复性工作，并提供新的分析视角。
- **翻译和笔译工作**：随着 AI 在语言翻译方面的不断进步，一些简单的翻译任务可能会被 AI 取代。特别是对于固定领域内的术语和表达，AI 可以提供快速且准确的翻译服务。
- **办公室文员和行政人员**：AI 可以自动化处理文档、表格和报告的生成，如微软 Office 365 已经能够通过 AI 自动生成简报和表格，这可能会减少对办公室文员和行政人员的需求。
- **财务和会计岗位**：AI 能够高效地处理数据分析和报告，识别市场趋势，这对财务分析师、个人理财顾问等职位构成了挑战。AI的自动化能力可能会减少这些岗位的人力需求。

- **法律行业工作**：AI能够快速地查找法律条文和历史案例，这可能给律师助理等职位带来一些冲击。AI的这一能力可能会使一些传统的法律研究工作岗位变得不再必要。

- **媒体和内容创作**：AI在文本生成方面的能力意味着它可以参与到广告、新闻报道、技术写作等媒体工作中。尽管内容创作仍然需要人类的创造力和判断，但AI可以处理一些基础的内容生成任务。

- **程序员和技术开发**：尽管AI不太可能完全取代程序员，但它可以自动化一些编程任务，如代码生成和调试，这可能会改变软件开发的工作流程和需求。

- **教育行业**：AI辅助教学工具和智能教育平台的发展可能会改变教师的工作方式，尽管面对面的教学和个性化指导仍然不可或缺，但AI可以在某些方面提供支持和补充。

- **市场研究和分析师**：AI的大数据分析能力使其能够处理和分析市场数据，预测趋势，这可能会影响市场研究分析师的工作。

- **创意设计和艺术工作**：尽管AI在风格插画和设计方面取得了进展，但创意设计和艺术工作的核心仍然是人类的创造力和审美。AI可能会在某些方面辅助设计师，但不太可能完全取代这些工作。

需要注意的是，尽管AI可能会取代某些工作，但它也会创造新的工作机会，并要求劳动力适应新的技能和工作方式。同时，一些工作，如需要面对面互动、复杂决策和高度创造性的工作，仍然需要人类的参与才能完成。因此，AI的发展将推动劳动力市场的转型，而不是简单地取代，AI和人类的结合将带来最佳的工作效果。

二、AI对企业HR有影响吗？

AI时代下，人力资源管理面临着许多变化。随着技术的快速发展和智能化的兴起，HR的角色和职责正在发生根本性的改变。

- **招聘与选拔**：AI驱动的聊天机器人不仅可以帮助筛选简历、编写招聘广告，而且可以根据关键词形成职位描述，甚至可以在初步面试环节与候选人进行智能互动，提高招聘效率。
- **培训与发展**：AI可以撰写培训材料，生成PPT，为员工提供实时的学习材料和互动式学习体验，提供定制化支持的同时还可以帮助HR部门跟踪员工的学习进度和效果，从而更好地规划培训课程。此外，AI还能根据员工的需求提供个性化的学习资源。
- **员工服务和支持**：AI可以作为员工服务的前端接口，提供即时的问题解答和帮助。例如，员工可以通过与AI交流来获取公司政策、福利信息、假期安排等相关信息。
- **员工反馈和调研**：HR部门可以利用AI进行员工满意度调研和收集反馈。AI可以分析员工的反馈，识别问题和改进点，帮助企业改善工作环境和员工福利。
- **绩效管理**：AI可以辅助HR进行绩效评估，通过自然语言处理技术分析员工的工作表现和成果，提供客观的绩效反馈。
- **合规性和风险管理**：AI可以帮助HR部门确保公司政策和程序的合规性，通过自动化审核和监控来识别潜在的法律和合规风险。
- **内部沟通**：AI可以作为内部沟通的辅助工具，帮助员工快速找到相关信息，促进知识共享和团队协作。
- **工作流程自动化**：AI可以集成到HR信息系统中，自动化执行一些日常任务，如请假管理、报销处理、员工数据更新等，提高工作效率。
- **人才管理和职业规划**：AI可以辅助HR部门进行人才规划和职业发展指导，通过分析员工的技能和职业兴趣，提供个性化的职业发展建议。
- **文化建设和员工参与**：AI可以帮助HR部门加强企业文化建设，通过组织在线活动、分享企业故事和价值观，提高员工的参与度和忠诚度。

尽管AI技术为人力资源（HR）工作带来了诸多便利，显著提升了工作效率与准确性，但HR工作的精髓仍深深植根于人与人之间的深度互动与沟通之中。AI工具虽能辅助处理大量数据与流程，但在构建信任、应对复杂人际挑战以及提供定制化支持等关键领域，HR专业人员的直接介入与人文关怀仍不可或缺。谈及"人才赋能"，这一过程远非简单的机械化可替代，而是关乎如何激发每个人的潜能，促进其全面发展。在这一旅程中，虽不乏AI技术的助力，但核心仍在于人与人之间的连接与理解。我们认识到，尽管技术日新月异，但在人力资源管理的最终舞台上，总是需要回归人的本质，重视个体的独特性与需求。因此，AI与HR专业人员的有效融合，才是推动企业发展的双引擎。两者相辅相成，AI提供数据驱动的洞察力与高效处理能力，而HR专业人员则以其深厚的人际交往能力、判断力与同理心，共同为企业构建更加和谐、高效的人才生态环境，为企业创造更大的价值。

小结语

AI技术的发展正在不断改变各行各业的工作方式，一些岗位如客户与支持、会计、翻译、程序员和技术开发等职位会更容易受到AI技术的冲击。另外，AI与HR的角色和职责也正在发生根本性的改变。

第十一章 AI（人工智能）对未来职业的影响

第二节 ｜ HR如何运用AI技术提高面试效率

AI技术可以帮助招聘官在面试过程中提高效率，优化招聘流程，并作出更加精准的人才选拔决策。

以下是一些具体的策略和方法。

1. 自动化筛选简历

利用AI算法对简历进行初步筛选，可以快速识别出符合职位要求的候选人。AI可以根据预设的关键词、技能、教育背景和工作经验等条件，自动过滤掉不符合条件的简历，从而节省招聘官的时间。

2. AI辅助初步面试

通过AI面试工具可以帮助企业提高招聘效率，降低招聘成本，同时也为面试者提供更好的面试体验。可以对候选人进行初步的视频面试，这些工具能够提出标准化问题，记录候选人的回答，并根据语言、语调和表情等非语言信号对其进行评估。这样可以在初步筛选阶段快速识别出具有潜力的候选人。

3. 在线技能评估

AI技术可以提供在线技能测试和模拟工作场景，以评估候选人的专业技能和实际操作能力。这种方式可以大规模进行，同时还可保证测试的公正性和一致性，帮助招聘官更准确地评估候选人的技能水平。

4. 数据驱动的决策支持

AI系统可以分析历史招聘数据和候选人的表现，提供预测性分析报告。这些报告可以帮助招聘官了解哪些因素与成功的表现相关联，从而作出更基于数据驱动的招聘决策。

5. 个性化面试体验

AI可以根据候选人的简历和背景信息定制面试问题，使面试更加个性化。这不仅可以提高面试效率，还可以提升候选人的面试体验，增加他们对公司的好感。

6. 多维度评估

AI技术可以从多个维度对候选人进行评估，包括技能、经验、性格、文化契合度等。这种全面评估有助于招聘官更全面地了解候选人，而不仅仅是他们的技能和经验。再结合一些人才测评工具，就能达到事半功倍的效果。

7. 反馈和改进

AI系统可以为招聘官提供关于面试流程的反馈，指出可能需要改进的点。例如，AI可以分析哪些面试问题最能准确评估候选人的能力，或者哪些评估标准对预测工作表现最为有效等。

8. 持续学习和优化

AI系统可以通过持续学习来优化其算法，以适应不断变化的招聘需求和市场趋势。这意味着随着时间的推移，AI面试工具会更加精准和有效。

9. 跨文化和多语言支持

对于跨国公司，AI面试工具可以支持多种语言和文化背景的候选人，确保全球招聘流程的一致性和公平性。

10. 透明度和合规性

在使用AI技术进行面试时，招聘官应确保透明度，告知候选人AI的使用范围和比重，并确保其遵守相关的隐私和反歧视法规。

通过上述方法，运用AI技术不仅可以提高招聘官的面试效率，还可以提升整个招聘流程的质量。然而，AI技术并不能完全取代人类的判断和直觉，特别是在评估候选人的软技能和文化契合度方面。因此，AI技术应作为辅助工具，与招聘官的专业判断相结合，共同推动招聘流程的优化。

我来举一个具体的案例，看一家大型企业如何运用AI技术来提高招聘效率和效果。

举例 利用AI技术优化校园招聘

一、公司背景

某知名房地产开发公司，每年都会进行大规模的校园招聘活动。面对大量的应聘者，传统的招聘流程不仅耗时耗力，而且难以确保招聘的效率和质量。

二、解决方案

为了提高招聘效率和人岗匹配的精准度，该公司引入了AI技术来优化其校园招聘流程。

1. AI筛选标准

该公司开发了一套AI算法，用于筛选简历和评估候选人。这套算法可以根据预设的标准，如学历、专业、实习经历等，自动筛选出符合条件的候选人。

AI系统还能够分析候选人的简历内容，识别出与职位相关的技能和经验，从而提高筛选的精准度。

2. 招聘命中率的提升

通过AI技术的辅助，该公司的校园招聘命中率达76%。这意味着通过AI筛选出的候选人中有76%最终被录用，显示出AI在人岗匹配方面的高效性。

3. 招聘周期的缩短

AI技术的应用大幅缩短了招聘周期。传统的人工筛选和面试流程可能需要几周甚至几个月，而AI可以在几天内完成初步筛选和评估，加快了整个招聘流程。

4. 数据驱动的决策

AI系统提供了丰富的数据分析和报告，帮助招聘团队作出更基于数据驱动的决策。这些数据包括候选人的综合素质评分、技能匹配度等关键指标，为招聘决策提供了有力的支持。

5. 提升候选人的体验

AI技术的应用也提升了候选人的体验。例如，AI智能客服机器人可以全天候不间断地提供咨询服务，回答候选人的问题，使候选人感受到更加专业和高效的招聘服务。

三、达成的结果

这家知名房地产公司通过AI技术的应用，不仅提高了招聘的效率和质量，还提升了候选人的体验。这个案例表明，AI技术可以成为企业招聘流程中的重要工具，帮助企业在竞争激烈的人才市场中更快地识别和吸引优秀人才。

这个案例也反映了AI在招聘领域的广泛应用前景。随着技术的不断进步，未来可能会有更多的企业采用类似的AI解决方案来优化他们的人力资源管理。同时，这也提示企业需要不断探索和学习如何更好地结合AI技术和人力资源管理的最佳实践，以实现组织和人才的最佳匹配。

小结语

AI面试工具可以提高招聘效率，优化招聘流程，并作出更加精准的人才选拔决策。但它不能完全替代人工面试。给出一个某知名房地产开发公司利用AI技术优化校园招聘的案例，达成的结果是AI技术可以成为企业招聘流程中的重要工具，帮助企业在竞争激烈的人才市场中更快地识别和吸引优秀人才。

第三节 | HR会被AI取代吗

AI工具虽然在HR领域具有辅助和优化工作流程的潜力，但它们不太可能完全取代HR专业人员。AI就像是HR部门的一个助手，它可以帮忙处理很多事情，如筛选简历、回答员工的常见问题或者整理培训材料。但是，HR的工作远不止这些，还有很多需要人来做的部分，因为人和人之间的交流、理解和感情是机器难以完全替代的。

以下原因能说明HR专业人员的角色仍然是至关重要的，而AI工具更多的是作为辅助工具存在。

- **感情和人际关系**：HR需要处理很多关于人的感情和关系的问题，如帮助解决同事之间的矛盾，或者鼓励团队合作。这些都需要真正的了解和同理心，目前的AI还做不到。
- **道德和判断**：有时候在HR处理员工关系或涉及某一个案例时，需要作出一些复杂的道德判断，如处理一些敏感的问题。这些判断需要根据公司的规则和价值观来做，AI可以给出建议，但最终决定还是要由人来做。
- **人力资源规划**：HR还要帮助公司规划未来的人才需求，设计组织架构，这些都需要对公司和业务有深入的了解，AI可以提供数据支持，但真正的规划还是需要人来完成的。
- **变革管理和领导力**：在组织变革和发展过程中，HR专业人员需要展现出强大的领导力和影响力，引导员工适应变化，激发其潜能。AI可以提供分析和建议，但在激励人心和领导变革方面，人类的作用无可替代。

- **提供个性化服务**：每个员工都是独一无二的，他们的需求和问题也各不相同。HR专业人员需要提供个性化的服务和支持，这需要对员工有深入的了解和同理心。虽然AI可以提供一定程度的个性化服务，但在深层次的个性化和同理心方面，人类仍具有优势。
- **创造力和创新**：HR领域不断面临新的挑战和变化，需要HR专业人员不断创新和适应新的工作方式，需要不断调整创新的方法和策略，这需要人的创造力和想象力。AI可以处理重复性任务，但在创造力和创新方面，AI在这方面还有局限，人类的直觉和想象力更关键。

因此，尽管AI工具在HR领域的某些方面可以提供帮助，但HR专业人员的角色和价值仍然不可替代。AI和人类的结合将使HR工作更加高效，而不是简单地取代HR专业人员。

我向AI工具问了一个问题：人力资源的未来是什么？下文是该AI工具在几秒内生成的答案。

"人力资源的未来将是一个高度数字化、智能化和以人为中心的领域。随着技术的飞速发展，特别是人工智能、大数据、云计算、物联网和移动互联等新兴技术的应用，人力资源管理将面临深刻的变革。"以下是一些关于人力资源未来趋势的详细分析。

（1）数字化转型

人力资源管理的数字化转型将是一个持续的过程。企业将通过建立数字场景，利用人力资源数据（包括内部数据和外部数据）来研发监测分析模型，描绘当前和预测未来人力资源管理面临的问题和挑战。这将促进人岗精准匹配，降低劳动力资源错配，并通过数字化特征的团队协作来提升员工体验并推动业务发展。

（2）能力提升

人力资源管理者需要从单纯的工具运用转向系统创新。这意味着不仅要掌握数字化技术、工具和手段，还要提升运用数据和分析数据的能力，更要读懂数据，并使用数据工具软件进行价值挖掘，实现人才管理一体化和平台数据一体化。

（3）人才发展

数字化转型的重要因素之一是能够推动数字技术创新的数字人才。这些人才不仅需具备深厚的专业技术知识，还需拥有创新思维与跨界融合的能力。在此背景下，人力资源管理将更加注重内部人才的发展与数字技术的融合，通过制订有针对性的人才培养计划，激发员工在招聘、选拔、激励等活动中的创新思维，促进业务流程智能化升级。同时，快速建立完备的人力资源数据库，利用大数据和人工智能技术优化人力资源配置，确保人才与岗位的高度匹配，为企业持续注入活力与竞争力。

（4）创造内部人力资源管理数字场景

利用可视化场景展示来实时了解企业内部人力资源管理活动的动态，及时发现潜在的风险点，并对未来一段时间的员工业绩和表现作出精准预测。这将涉及对招聘、培训、考核等全过程的数字化管理。

（5）打造人力资源管理数字生态体系

人力资源管理将利用云计算、大数据等数字技术将人力资源的行政事务性、重复、烦琐的工作集中起来，通过信息平台运作服务于重新构建业务流程、商业模式、用户体验、产品与服务，形成新技术、新业态、新产业和新模式。

（6）科技赋能人的可持续发展

未来的人力资源管理将更加关注人的可持续发展，企业将通过更新组织架构，合理有效地运用生成式人工智能等新兴技术，大幅提升人才能力。同时，人类的想象力、好奇心和同理心等软实力将变得更为关键，以此评估运用科技手段的可靠性、准确性以及识别技术的固化偏见。

（7）道德边界和透明度管理

随着新技术的运用，企业将面临道德边界问题，如隐私泄露、基于人工智能的监控等，这些都可能动摇企业与员工之间的信任。因此，合理管理透明度，创造新机会来衡量和激发员工潜能，同时保护员工隐私和权益，将成为人力资源管理的重要任务。

总之，人力资源未来将是一个高度集成、智能化和以人为中心的领域，技术的发展将为人力资源管理带来前所未有的机遇和挑战。企业需要不断适应和引领这些变化，以实现人力资源管理效益最大化和员工全面发展。

小结语

虽然AI技术在人力资源领域具有巨大的潜力，能够辅助并优化工作流程，提高工作效率，但在短时间内不太可能完全取代HR的工作。毕竟，HR的核心在于与人打交道，涉及人与人之间的交流、理解和情感联系，这是机器难以完全替代的。

尽管如此，AI技术的发展速度之快令人瞩目，且目前仍处于迅速发展的态势。或许未来某一天，它会在人力资源领域扮演更为重要的角色，甚至有可能在某些方面完全替代HR的工作，但仍然存在不确定性，我们需要保持关注并拭目以待。无论如何，面对这一变革，HR从业者都需要不断学习和适应新技术，以提升自己的专业素养和技能，从而在职业生涯中取得更好的发展。

DISCERNING ABLE PEOPLE

附　录

| 附录 |

附录1　霍根测评HPI潜力报告[①]（附录1、附录2、附录3仅作为示例以供参考，均不涉及真实个人信息）

HOGAN

Insight
Hogan Personality Inventory (HPI)

受测者：Sam Poole
测试账号：HF175947
日期：2018-5-23

© 2018 Hogan Assessment Systems Inc.

---

① 附录1、附录2、附录3为霍根博士在20世纪70年代所发表的著名的Hogan（霍根）人格测评所发展出的一套专业的专注于性能相关行为的个性评定工具。

Insight Report 霍根性格调查问卷

简介

霍根性格调查问卷测量常态下的性格特征，包含七个基本量表和六个职业量表，用以描述Poole先生在职场的表现，包括他如何管理压力，如何与他人互动，如何处理工作任务，以及如何解决问题。虽然该报告是逐一呈现各量表的分数，但每个量表都有助于解释Poole先生的表现。该报告指出了个人的优点和缺点，并且提出讨论问题供发展反馈使用。

- 在解析HPI量表分数时，值得注意的是，高分不一定更好，而低分也不一定更差。每个量表的分值都反映了不同的优点和缺点。
- 在解读HPI分数时，应该结合个人的职业角色，以便判定这些性格特点属于个人优势还是需要改进。
- HPI基于大五人格模型而开发。

量表定义

HPI 量表名称	低百分位倾向于	高百分位倾向于
调适	乐于接受反馈意见 诚实坦率 情绪化、善于自我批评	沉着冷静 压力下保持情绪稳定 抵触反馈意见
抱负	良好的团队合作者 愿意让他人占领导地位 安于现状	充满活力 好胜心强 强势、不安分
社交	善于独立工作 安静 社交被动	外向开朗 健谈 寻求关注
人际敏感度	直接坦率 敢于面对冲突 冷淡且态度强硬	友好 温暖热情 冲突规避
审慎	灵活变通 思想开明 冲动	条理性强 可靠 刻板、难以变通
好奇	注重实效 不易厌倦 缺乏创新	富有想象力 机智灵敏 不善于落实执行
学习方式	喜欢实践学习 仅关注自己的兴趣 对科技反感	乐于学习 富有见解 不能忍受孤陋寡闻

Sam Poole | HF175947 | 2018-5-23

| 附录 |

Insight Report 霍根性格调查问卷

报告总结

基于Poole先生在HPI测评中的回答，在日常情况下，他倾向于：

- 不为外部压力所困扰，很少表现出有压力的迹象。他人有时可能会把他的韧性与淡定视为一种傲慢，因为他看起来不为所动，并且他可能会无视他人的反馈意见。
- 充满活力，工作勤奋。他在适当的时候会采取主动，但只要他能作出重大贡献也会满足于作为团队一员或让他人占领导地位。
- 亲切，健谈，不惧见陌生人。他可能不喜欢独自工作。
- 和蔼可亲，有合作精神，说话婉转，友好。他应该善于管理人际关系并倾向于避免冲突或对峙。
- 有责任感，注重细节，愿意接受密切的督导。他可能有些不善变通，却是一名优秀的企业公民。
- 好奇心强，富有创意和革新精神，包容，思想开放。他可能有些不切实际，对处理细节不耐烦，容易厌倦。
- 知识渊博，与时俱进，对学习感兴趣。他应该会在系统的学习或培训环境中学得很好，可能会难以理解那些不喜欢正规学习的人。

Insight Report 霍根性格调查问卷

百分位分数

该百分位分数表示得分等于或低于Poole先生的人群占比。例如，某量表分数为75，表明Poole先生的得分高于大约75%的人。

- 得分在0至25之间属于 **低分**
- 得分在26至50之间属于 **中低分**
- 得分在51至75之间属于 **中高分**
- 得分在76以上属于 **高分**

	%
调适	98
抱负	73
社交	74
人际敏感度	69
审慎	72
好奇	90
学习方式	73

该报告有效且可被解读

常模：Global

Sam Poole | HF175947 | 2018-5-23

| 附录 |

Insight Report 霍根性格调查问卷

量表: 调适

98

描述
调适量表预测应对压力、管理情绪以及倾听反馈意见的能力。

分数解读
Poole先生在调适量表上的分数表明他倾向于：
- 不被混乱的环境和繁重的工作量所影响
- 在压力环境下保持冷静和自信
- 显得有些自大
- 忽视过去的错误
- 抵触或无视他人的反馈意见

讨论问题
以下问题是为持证教练或反馈者而设计，可用以与受测人探讨测评结果，并根据受测人的工作职能情况为其提出发展机会。
- 描述你处理工作压力的方法。
- 对于寻求关于你工作表现的反馈意见，何时且如何进行是合适的？
- 你同事的情绪会如何影响你？
- 当他人向你提出反馈意见时，你通常的反应如何？

子量表构成
以下子量表应当由霍根持证教练或反馈者解读。这些子量表就Poole先生的独特个性提供了更多深入的信息和细节。

同理心 不易怒

不焦虑 很少焦虑

不内疚 不后悔

冷静 没有情绪起伏

性情平和 不情绪化或易怒

无抱怨 没有抱怨

信赖他人 不偏执或多疑

依附感 与权威人物关系良好

Sam Poole | HF175947 | 2018-5-23

Insight Report 霍根性格调查问卷

量表: 抱负

描述
抱负量表预测领导力、驱动力、求胜心和主动性。

分数解读
Poole先生在抱负量表上的分数表明他倾向于：
- 显得积极并充满活力
- 采取主动并领导团队项目
- 卷入办公室政治并持有自己的立场
- 对于没有晋升机会的职位感到不满

讨论问题
以下问题是为持证教练或反馈者而设计，可用以与受测人探讨测评结果，并根据受测人的工作职能情况为其提出发展机会。
- 在没有明确领导的项目中，你通常担任什么角色？
- 为了获取职业晋升，何时且如何参与办公室政治是合适的？
- 在和同事相处时你求胜心如何？这会损害还是有助于你的事业？
- 你如何寻求并争取事业晋升的机会？

子量表构成
以下子量表应当由霍根持证教练或反馈者解读。这些子量表就Poole先生的独特个性提供了更多深入的信息和细节。

好竞争 求胜心切、有抱负以及有韧性

自信 对自己有信心

成就感 对个人表现的满足感

领导力 担任领导角色的倾向

认同 对个人人生使命的满意度

无社交焦虑 社交自信

Sam Poole | HF175947 | 2018-5-23

Insight Report 霍根性格调查问卷

量表: 社交

74

描述
社交量表预测个人对频繁且多样社交活动的兴趣。

分数解读
Poole先生在社交量表上的分数表明他倾向于：
- 外向并乐于活跃社交氛围
- 健谈且亲切
- 喜欢成为众人关注的焦点
- 在面对公众或与陌生人打交道时感到自在

讨论问题
以下问题是为持证教练或反馈者而设计，可用以与受测人探讨测评结果，并根据受测人的工作职能情况为其提出发展机会。
- 使每个团队成员都在会议中有所贡献有多重要？
- 你如何平衡听与说来确保有效的沟通？
- 你在团队项目中表现更好还是在个人项目中表现更好？为什么？
- 你如何建立并保持人脉关系？

子量表构成
以下子量表应当由霍根持证教练或反馈者解读。这些子量表就Poole先生的独特个性提供了更多深入的信息和细节。

喜欢派对 喜欢社交聚会

喜欢人群 在人群中感到兴奋

寻求体验 喜欢多样化和挑战

表现欲 寻求关注

风趣 风趣、有魅力

Sam Poole | HF175947 | 2018-5-23

229

Insight Report 霍根性格调查问卷

量表: 人际敏感度

描述
人际敏感度量表预测有关社交的魅力、热情、圆滑和觉察力。

分数解读
Poole先生在人际敏感度量表上的分数表明他倾向于：
- 感觉敏锐，有洞察力，并关心他人的感受
- 明白他人的需求
- 能与不同的人维持良好关系并相处融洽
- 不愿意正视问题、指出他人的不佳表现

讨论问题
以下问题是为持证教练或反馈者而设计，可用以与受测人探讨测评结果，并根据受测人的工作职能情况为其提出发展机会。
- 描述你如何指正他人的错误或问题。
- 你倾向于如何平衡同事的感受与工作需要？
- 你觉得同事之间彼此喜欢有多重要？
- 你如何发展与内在客户或外在客户的关系？

子量表构成
以下子量表应当由霍根持证教练或反馈者解读。这些子量表就Poole先生的独特个性提供了更多深入的信息和细节。

容易相处 宽容且性格随和

敏感 敏锐且善解人意

关怀 友善且体贴

喜欢他人 喜欢和他人在一起

无恶意 常易接受

| 附录 |

Insight Report 霍根性格调查问卷

量表: 审慎

72

描述
审慎量表预测自制力、责任心和职业道德。

分数解读
Poole先生在审慎量表上的分数表明他倾向于：
- 条理性强，工作勤奋，做事有计划性
- 可信，可靠，尽责
- 在已有的规则和程序下，能够良好工作
- 缺乏灵活性，且可能会抵制变化

讨论问题
以下问题是为持证教练或反馈者而设计，可用以与受测人探讨测评结果，并根据受测人的工作职能情况为其提出发展机会。
- 在工作中，你的组织性和计划性如何？这会如何影响你在快速适应变化的同时又能及时完成目标的能力？
- 你对规章制度的大致态度是什么？
- 你如何应对工作环境的快速改变？
- 你有多大可能完成一个项目而长时间工作？

子量表构成
以下子量表应当由霍根持证教练或反馈者解读。这些子量表就Poole先生的独特个性提供了更多深入的信息和细节。

循规蹈矩 严格遵从传统价值观

精通掌握 工作努力

尽责 有原则

不独立自主 在意他人对自己的看法

计划性 偏好可预测性

控制冲动 不冲动

避免麻烦 表现得笃实

Sam Poole | HF175947 | 2018-5-23

231

Insight Report 霍根性格调查问卷

量表: 好奇

90

描述
好奇量表预测好奇心、创造力以及开放程度。

分数解读
Poole先生在好奇量表上的分数表明他倾向于：
- 有想象力，有好奇心，思想开放
- 愿意挑战规则并提出替代方案
- 对大局和战略问题感兴趣
- 喜欢那些别人可能觉得不现实的想法

讨论问题
以下问题是为持证教练或反馈者而设计，可用以与受测人探讨测评结果，并根据受测人的工作职能情况为其提出发展机会。
- 你如何在创新性和实用性之间取得平衡？
- 你如何应对那些枯燥乏味却又至关重要的工作任务？
- 你如何把日常工作联系到战略目标？
- 你如何应对那些抵制变化和创新的人？

子量表构成
以下子量表应当由霍根持证教练或反馈者解读。这些子量表就Poole先生的独特个性提供了更多深入的信息和细节。

科学能力 对科学原理感兴趣

好奇心 对世界好奇

寻求刺激 享受冒险和刺激

智力游戏 对谜语和拼图感兴趣

想出主意 思维流畅

文化 广泛多样的兴趣

Sam Poole | HF175947 | 2018-5-23

| 附录 |

Insight Report 霍根性格调查问卷

量表: 学习方式

73

描述
学习方式量表预测个人的学习风格或其获取新知识的方式。

分数解读
Poole先生在学习方式量表上的分数表明他倾向于：
- 对学习和培训感兴趣，会与时俱进地了解领域内的最新发展动向
- 聪明且知识广博
- 在正规教育或培训中会学得很好
- 对那些不博学或不好学的人感到意外

讨论问题
以下问题是为持证教练或反馈者而设计，可用以与受测人探讨测评结果，并根据受测人的工作职能情况为其提出发展机会。
- 你如何确保你的知识和技能与时俱进？
- 你如何评估培训机会的潜在用处？
- 你偏好以何种方式去学习新技巧？
- 哪个对你更重要：发展现有技能还是学习新技能？为什么？

子量表构成
以下子量表应当由霍根持证教练或反馈者解读。这些子量表就Poole先生的独特个性提供了更多深入的信息和细节。

教育 是个好学生

数学能力 对数字敏感

记忆力 容易记住事情

阅读 保持与时俱进

Sam Poole | HF175947 | 2018-5-23

233

附录2　MVPI价值观报告（仅作为示例以供参考）

HOGAN

Insight

Motives, Values, Preferences Inventory (MVPI)

受测者：Sam Poole
测试账号：HF175947
日期：2018-5-23

© 2018 HOGAN ASSESSMENT SYSTEMS INC.

| 附录 |

Insight Report 动机、价值、偏好调查问卷

简介

动机、价值、偏好调查问卷描述了个人的核心价值观、目标及兴趣。这些信息至关重要,可以帮助个人了解最适合自己的工作类型和环境,并作出更好的事业选择。该报告提供了十个价值观维度的信息,每个维度包括五个子维度,分别是生活方式、信念、职业偏好、反感及偏好的共事者。

- 个人根据自身的价值观作出决策,却很少剖析自身的价值观取向,并常依据一些自己未能完全理解的缘由作出决策。清楚地认识个人的价值观取向可以提高决策质量。
- 个人偏好结交与自己志同道合的人,因为他们拥有相同的价值观。因此,认识及理解这些价值观取向可以帮助个人更为有效地管理人际关系。
- 如果组织文化与个人的价值观取向不协调,个人就很难感到愉悦,也很难高效工作或表现突出。相反,如果选择在一个组织文化与自身价值观一致的环境工作,个人通常会感到更满意且更高效地工作。

量表定义

▶ MVPI量表名称	▶ 低分者倾向于	▶ 高分者倾向于
认可	对赞赏与反馈意见不以为然 喜欢独立工作	喜欢他人的反馈意见 希望吸引他人注意
权力	不注重成功 不渴望有所作为	渴望成功 渴望有所作为
享乐	严肃、正经、务实 总是在工作	追求愉悦和乐趣 希望享受于工作
利他	相信自力更生 认为人们应该自助	希望帮助不幸者 希望改善社会
归属	偏好独立工作 享受独处	需要社交互动 希望融入集体
传统	希望改变现状 重视创新和进步	尊重权威与等级制度 重视过去的教训
保障	冒险 热于冒险	需要条理性和可预测性 避免风险
商业	不在乎金钱 重视个人发展	想要赚钱 重视物质成果
美感	注重实质内容多过风格与形式 重视实际功能	热衷于创造性的自我表达方式 关注产品的外观和给人的直观感觉
科学	基于经验作出快速决策 相比数据更相信直觉	偏好理性的、以数据为基础的决策方式 挑战权威

Sam Poole | HF175947 | 2018-5-23

Insight Report 动机、价值、偏好调查问卷

报告总结

Poole先生在MVPI的分数表明他倾向于：

- 不需要太多反馈意见，对是否成为众人关注的焦点不关心。
- 想要高效地工作、有所作为，渴望在事业上取得提升。工作中有机会竞争、成功和获得成就，是令他最为喜悦的事情。
- 趣味、联谊及快乐时光是他重要的激励因素。他在轻松、随意、非正式的环境中最愉快。
- 希望帮助弱者和不幸者。他最喜欢服务导向、注重员工士气的工作环境。
- 喜欢各种形式的社交互动，包括与其他团队成员共事合作。他最喜欢需要团队协作和相互配合的角色。
- 重视进步、变化和尝试。他不喜欢正式的等级制度，适应于弹性、灵活和非正式的组织环境。
- 可以接受风险和不明确性。他仅需要一定的条理性和可预测性。相比确定性及稳定性，更喜欢模棱两可和不断的变化。
- 对金融、经济及与他薪酬相关的事宜有着浓厚兴趣。他似乎习惯以他所拥有的物质财富来衡量自己。
- 不太需要创造性的自我表达。相比时尚和设计，他对实际功能更感兴趣。
- 注重理性、逻辑和基于数据的决策方式。即使一些问题并不受人关注，他也乐于寻找那些问题的正确答案。

Sam Poole | HF175947 | 2018-5-23

| 附录 |

Insight Report 动机、价值、偏好调查问卷

百分位分数

该百分位分数表示得分等于或低于Poole先生的人群占比。例如，某量表分数为75，表明Poole先生的得分高于大约75%的人。

- 得分在0至25之间属于 **低分**
- 得分在26至50之间属于 **中低分**
- 得分在51至75之间属于 **中高分**
- 得分在76以上属于 **高分**

	%
认可	22
权力	86
享乐	98
利他	96
归属	94
传统	36
保障	40
商业	79
美感	38
科学	86

常模：Global

Sam Poole | HF175947 | 2018-5-23

237

Insight Report 动机、价值、偏好调查问卷

量表：认可

22

描述
认可量表反映对获得关注、认同及赞美的渴望。

分数解读
Poole先生在认可量表上的分数表明他倾向于：
- 不喜欢成为众人关注的焦点
- 不在意自己的工作成果是否得到公开的认可
- 无须太多他人的关注和反馈意见
- 可能不理解那些喜欢得到反馈意见和社会认可的人

讨论问题
以下问题是为持证教练或反馈者而设计，可用以与受测人探讨测评结果，并根据受测人的工作职能情况为其提出发展机会。
- 你更喜欢成为众人瞩目的焦点还是幕后工作者？
- 你认为工作中受到认可和赞扬有多重要？
- 你会因为有机会在高调、引人瞩目的项目中工作而备受激励吗？
- 描述你如何对同伴的努力和协助表示感激和欣赏。

子量表构成
以下子量表应当由霍根持证教练或反馈者解读。这些子量表就Poole先生的独特个性提供了更多深入的信息和细节。如下所示，每个子量表的最低分值与最高分值都不相同。

生活方式 希望如何生活

信念 终极目标

职业偏好 个人偏好的职业

反感 不喜欢的事物

偏好的共事者 理想的朋友类型

Sam Poole | HF175947 | 2018-5-23

238

| 附录 |

Insight Report 动机、价值、偏好调查问卷

量表: 权力

86

描述
权力量表反映对获取成功、成就、身份地位和掌控权的渴望。

分数解读
Poole先生在权力量表上的分数表明他倾向于：
- 渴望在组织中产生影响力、创造精神财富、得到提拔
- 尤其重视效率和结果
- 可能很适合竞争激烈的组织与职位
- 可能会错误地认为别人同自己一样奋发努力且是结果导向

讨论问题
以下问题是为持证教练或反馈者而设计，可用以与受测人探讨测评结果，并根据受测人的工作职能情况为其提出发展机会。
- 成为一个模范员工和达到结果，哪个更重要？
- 认清并赢得竞争对你来说有多重要？
- 你会经常考虑职业发展的问题吗？
- 你如何定义自己的职业成功？

子量表构成
以下子量表应当由霍根持证教练或反馈者解读。这些子量表就Poole先生的独特个性提供了更多深入的信息和细节。如下所示，每个子量表的最低分值与最高分值都不相同。

生活方式 希望如何生活

信念 终极目标

职业偏好 个人偏好的职业

反感 不喜欢的事物

偏好的共事者 理想的朋友类型

Sam Poole | HF175947 | 2018-5-23

239

Insight Report 动机、价值、偏好调查问卷

量表: 享乐

98

描述
享乐量表有关于渴望玩乐、愉悦和享受的倾向。

分数解读
Poole先生在享乐量表上的分数表明他倾向于：
- 即使在工作时也喜欢娱乐和享受
- 最喜欢在休闲、放松及非正式的环境中工作
- 工作中会主动寻求享乐的机会
- 可能难以理解那些不懂如何在工作中放松和玩乐的人

讨论问题
以下问题是为持证教练或反馈者而设计，可用以与受测人探讨测评结果，并根据受测人的工作职能情况为其提出发展机会。
- 寓工作于娱乐对你来说是否重要？
- 你如何平衡工作和娱乐？
- 对于公司举办的娱乐活动你有什么看法？
- 我们应当期望从每天的工作中获得多少享受和欢乐？

子量表构成
以下子量表应当由霍根持证教练或反馈者解读。这些子量表就Poole先生的独特个性提供了更多深入的信息和细节。如下所示，每个子量表的最低分值与最高分值都不相同。

生活方式 希望如何生活

信念 终极目标

职业偏好 个人偏好的职业

反感 不喜欢的事物

偏好的共事者 理想的朋友类型

Insight Report 动机、价值、偏好调查问卷

量表: 利他

96

描述
利他量表反映有关帮助他人、为社会进步作出贡献的愿望。

分数解读
Poole先生在利他量表上的分数表明他倾向于：
- 注重帮助处于困境的人
- 相信人们应该受到尊重
- 可能最喜欢强调员工士气和客户服务的组织文化
- 可能难以理解那些不助人为乐的人

讨论问题
以下问题是为持证教练或反馈者而设计，可用以与受测人探讨测评结果，并根据受测人的工作职能情况为其提出发展机会。
- 你认为客户服务对一个组织来说有多重要？
- 企业应该担负起多大程度的责任去关爱员工的需求和问题？
- 对于那些极其需要客户服务意识的职位角色，你有多适合？
- 你多久参与一次社区服务活动？

子量表构成
以下子量表应当由霍根持证教练或反馈者解读。这些子量表就Poole先生的独特个性提供了更多深入的信息和细节。如下所示，每个子量表的最低分值与最高分值都不相同。

生活方式 希望如何生活

信念 终极目标

职业偏好 个人偏好的职业

反感 不喜欢的事物

偏好的共事者 理想的朋友类型

Sam Poole | HF175947 | 2018-5-23

241

Insight Report 动机、价值、偏好调查问卷

量表: 归属

94

描述
归属量表反映对社交互动的需求和享受。

分数解读
Poole先生在归属量表上的分数表明他倾向于：
- 享受与他人一起工作和交流
- 喜欢团队项目，不偏好一个人独自工作
- 喜欢在一个鼓励会议、沟通、反馈及协作的环境中工作
- 可能难以理解那些偏好独立工作的人

讨论问题
以下问题是为持证教练或反馈者而设计，可用以与受测人探讨测评结果，并根据受测人的工作职能情况为其提出发展机会。
- 你认为开会是有益的还是会分散注意力？
- 你偏好独立工作还是与他人合作？
- 你对团队建设活动有什么看法？
- 人脉网络对你的成功有多重要？

子量表构成
以下子量表应当由霍根持证教练或反馈者解读。这些子量表就Poole先生的独特个性提供了更多深入的信息和细节。如下所示，每个子量表的最低分值与最高分值都不相同。

生活方式 希望如何生活

信念 终极目标

职业偏好 个人偏好的职业

反感 不喜欢的事物

偏好的共事者 理想的朋友类型

Sam Poole | HF175947 | 2018-5-23

| 附录 |

Insight Report 动机、价值、偏好调查问卷

量表: 传统

36

描述
传统量表反映对规章制度与传统礼节的需要，以及对历史和既定风俗文化的尊重。

分数解读
Poole先生在传统量表上的分数表明他倾向于：
- 享受人与文化的多样性
- 认为包容不同的观点很重要
- 可能对正式且森严的等级制度感到不适
- 重视创新和社会进步

讨论问题
以下问题是为持证教练或反馈者而设计，可用以与受测人探讨测评结果，并根据受测人的工作职能情况为其提出发展机会。
- 你觉得任何事情都有对错之分吗？
- 你介意处理道德观上模棱两可的事件吗？
- 在你看来哪个更重要，引领变化还是坚守传统？
- 你喜欢在一个正式且等级分明的组织中工作吗？

子量表构成
以下子量表应当由霍根持证教练或反馈者解读。这些子量表就Poole先生的独特个性提供了更多深入的信息和细节。如下所示，每个子量表的最低分值与最高分值都不相同。

生活方式 希望如何生活

信念 终极目标

职业偏好 个人偏好的职业

反感 不喜欢的事物

偏好的共事者 理想的朋友类型

Sam Poole | HF175947 | 2018-5-23

243

Insight Report 动机、价值、偏好调查问卷

量表: 保障

40

描述
保障量表反映对于稳定性、安全性且将风险降至最低的需要。

分数解读
Poole先生在保障量表上的分数表明他倾向于:
- 可以接受风险
- 生活中不需要太多对未来的预知
- 可能更喜欢在不畏风险的组织中工作
- 可能不太能忍受那些总是谨慎求稳的人

讨论问题
以下问题是为持证教练或反馈者而设计，可用以与受测人探讨测评结果，并根据受测人的工作职能情况为其提出发展机会。
- 对你来说，生活中的可预测性有多重要？
- 组织在战略决策中应该冒多大程度的风险？
- 你如何平衡风险与回报？
- 对于合作伙伴冒不必要的风险，你一般会如何回应？

子量表构成
以下子量表应当由霍根持证教练或反馈者解读。这些子量表就Poole先生的独特个性提供了更多深入的信息和细节。如下所示，每个子量表的最低分值与最高分值都不相同。

生活方式 希望如何生活

信念 终极目标

职业偏好 个人偏好的职业

反感 不喜欢的事物

偏好的共事者 理想的朋友类型

| 附录 |

Insight Report 动机、价值、偏好调查问卷

量表: 商业

79

描述
商业量表反映对赚钱、投资及寻找商业机会的兴趣。

分数解读
Poole先生在商业量表上的分数表明他倾向于:
- 强烈地将金钱和经济利益视作推动力
- 关注所有商业决策中涉及财政的问题和因素
- 非常适合那些以收入和盈利来衡量绩效表现的职位及组织
- 可能难以理解那些不在乎金钱的人

讨论问题
以下问题是为持证教练或反馈者而设计,可用以与受测人探讨测评结果,并根据受测人的工作职能情况为其提出发展机会。
- 在商业环境中,有什么比盈利更重要?
- 你有多常考虑金钱与投资的事宜?
- 你如何看待那些生活入不敷出的人?
- 你在作工作决策时,有多常会考虑到财务或经济因素?

子量表构成
以下子量表应当由霍根持证教练或反馈者解读。这些子量表就Poole先生的独特个性提供了更多深入的信息和细节。如下所示,每个子量表的最低分值与最高分值都不相同。

生活方式 希望如何生活

信念 终极目标

职业偏好 个人偏好的职业

反感 不喜欢的事物

偏好的共事者 理想的朋友类型

Sam Poole | HF175947 | 2018-5-23

245

Insight Report 动机、价值、偏好调查问卷

量表：美感

38

描述
美感量表反映对自我表达的需求，以及对产品品质和外观的关注。

分数解读
Poole先生在美感量表上的分数表明他倾向于：
- 相比事物的外在，更关心事物的运作原理
- 不会在工作场合寻求自我彰显
- 通常只需要解决方案足够好即可，并不要求达到完美
- 可能无法容忍那些仅关注外在形式而忽略实际功能的人

讨论问题
以下问题是为持证教练或反馈者而设计，可用以与受测人探讨测评结果，并根据受测人的工作职能情况为其提出发展机会。
- 你更关注事物的外在形式还是内在工作原理？
- 对于你而言，富有创意地进行自我表达的机会有多重要？
- 你对你工作成果的外观和形式有多看重？
- 在专业职场中，艺术追求应该有多重要？

子量表构成
以下子量表应当由霍根持证教练或反馈者解读。这些子量表就Poole先生的独特个性提供了更多深入的信息和细节。如下所示，每个子量表的最低分值与最高分值都不相同。

生活方式 希望如何生活

信念 终极目标

职业偏好 个人偏好的职业

反感 不喜欢的事物

偏好的共事者 理想的朋友类型

Sam Poole | HF175947 | 2018-5-23

| 附录 |

Insight Report 动机、价值、偏好调查问卷

量表: 科学

86

描述
科学量表反映对于理性、研究、技术和创新的兴趣。

分数解读
Poole先生在科学量表上的分数表明他倾向于：
- 对科学与研究工作富有热诚
- 喜欢挑战上级权威的主张
- 决策时倾向于以数据为依据
- 可能难以理解那些凭借直觉和经验作决策的人

讨论问题
以下问题是为持证教练或反馈者而设计，可用以与受测人探讨测评结果，并根据受测人的工作职能情况为其提出发展机会。
- 你如何决定何时运用直觉、何时运用数据？
- 描述一个你必须用直觉而非用数据来作决策的情况。
- 你喜欢分析问题，还是喜欢快速作出决定然后继续下一步行动？
- 科研发展部门对于一个组织的全面成功来说有多重要？

子量表构成
以下子量表应当由霍根持证教练或反馈者解读。这些子量表就Poole先生的独特个性提供了更多深入的信息和细节。如下所示，每个子量表的最低分值与最高分值都不相同。

生活方式 希望如何生活

信念 终极目标

职业偏好 个人偏好的职业

反感 不喜欢的事物

偏好的共事者 理想的朋友类型

Sam Poole | HF175947 | 2018-5-23

附录3　HDS压力报告（仅作为示例以供参考）

HOGAN

Insight

Hogan Development Survey (HDS)

受测者：Sam Poole
测试账号：HF175947
日期：2018-5-23

© 2018 HOGAN ASSESSMENT SYSTEMS INC.

| 附录 |

Insight Report 霍根发展调查表

简介

霍根发展调查表测量了11种人际交往行为，这些行为可能会对工作与生活造成影响。高分量表所代表的可以是优势，然而这些优势一旦被过度使用则会成为人际关系与事业的阻碍。了解那些对绩效造成阻碍和局限的因素，就能在事业上获得更大的成功。该报告突出了Poole先生自己可能未曾意识到的行为倾向，可帮助他建立自我意识。

- HDS测量了个人在压力、无聊及疲惫情况下的行为倾向。
- 调查表明，HDS低分者在工作中存在的问题相对较少。高风险和中等风险得分表示个体在该量表存在问题，但同时也需关注低风险得分，因为这表示个体在该量表未能充分发挥优势。
- 多数人会有三个到四个高风险得分。
- 在解读Poole先生的HDS分数时，应当结合他的日常表现。可通过评估他的常态性格，如利用霍根性格调查问卷来了解他的日常表现。

量表定义

▶ HDS量表名称	▶ 低分者倾向于	▶ 高分者倾向于
激动	缺乏激情 缺乏紧迫感	易怒 情绪无常
多疑	单纯 轻信	不信任 愤世嫉俗
谨慎	过度自信 作有风险的决定	过于保守 规避风险
内敛	避免冲突 过于敏感	冷漠疏离 不关心他人的感受
消极	不投入 只顾自己	不合作 顽固
自大	过分谦虚 自我怀疑	骄傲自负 特权主义和自我吹嘘
狡猾	过度控制 刻板、不灵活	风趣、有魅力 轻易承诺
戏剧化	压抑 冷淡	夸张 喧闹
幻想	过于战术性 缺乏远见	不切实际 古怪
苛求	不注重细节 容易分心	完美主义 微控管理
恭顺	可能不服从 过于独立	恭敬且顺从 急于迎合讨好

Sam Poole | HF175947 | 2018-5-23

Insight Report 霍根发展调查表

报告总结

Poole先生在HDS问卷中的回答表明，当他没有刻意管理、关注自己的行为时，他倾向于：

- 情绪化，易怒，容易对人和事感到失望，可能不会掩饰自己的情绪。
- 对于欺骗与背叛的迹象尤为警觉，当他被伤害时可能会变得有报复心。
- 需要许多信息来作决定，并且倾向于作保守决定。
- 强硬，冷漠，不在意他人的感受。他可能不擅于主动与人交流。
- 愿意合作，但是在被要求做一些违背他个人计划的事情时可能会很固执。
- 谦虚，克制，不愿力争上游或掌管事务。
- 处世得体，克制，不愿冒太大风险。
- 他不喜欢自我表现，不愿意营造戏剧化情境使自己成为焦点。
- 聪颖，创新，思想古怪，好幻想，有时不切实际。
- 不关心条例、程序和标准流程，但灵活、适应力强、可以快速调整方向。
- 独立，甚至表现得不恭敬，愿意挑战权威与现状。

Sam Poole | HF175947 | 2018-5-23

| 附录 |

Insight Report 霍根发展调查表

百分位分数

该百分位分数表示得分等于或低于Poole先生的人群占比。例如，某量表分数为75，表明Poole先生的得分高于大约75%的人。

- 得分在0至39之间属于 **无风险**
- 得分在40至69之间属于 **低风险**
- 得分在70至89之间属于 **中等风险**
- 得分在90以上属于 **高风险**

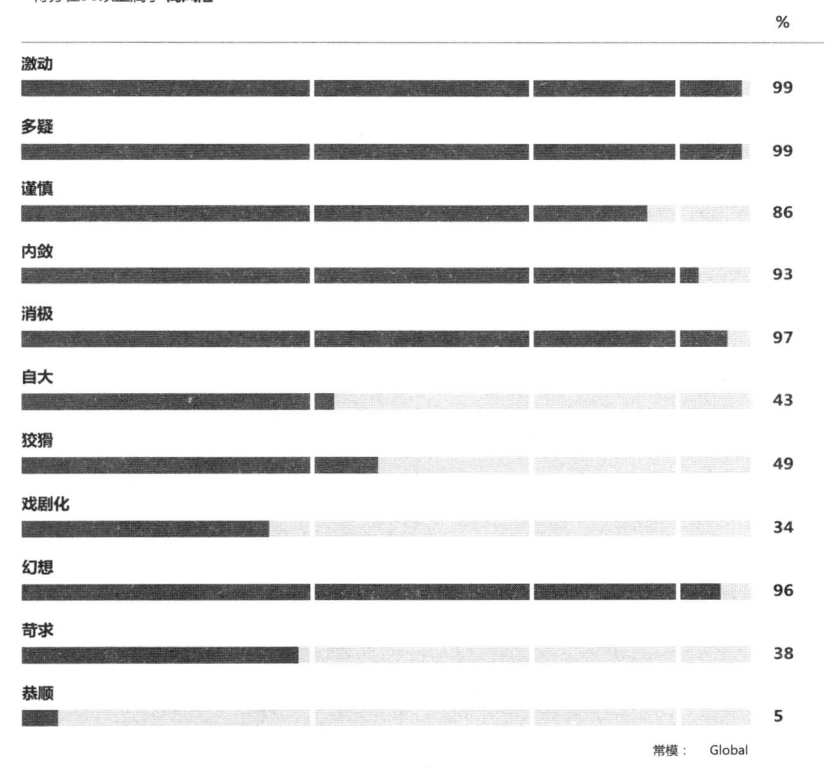

量表	%
激动	99
多疑	99
谨慎	86
内敛	93
消极	97
自大	43
狡猾	49
戏剧化	34
幻想	96
苛求	38
恭顺	5

常模：Global

Sam Poole | HF175947 | 2018-5-23

Insight Report 霍根发展调查表

量表: 激动

99

描述
激动量表有关于对工作充满激情,但容易情绪化,感到挫败、易怒,且对事或人容易放弃。

分数解读
Poole先生在激动量表上的分数表明他倾向于:
- 在受挫时容易情绪化
- 时而乐观,时而悲观
- 情绪反复,不可预测,且容易生气烦躁
- 在工作场合制造闹剧
- 对他人或项目容易放弃

讨论问题
以下问题是为持证教练或反馈者而设计,可用以与受测人探讨测评结果,并根据受测人的工作职能情况为其提出发展机会。
- 描述一下你表现工作热忱的方式。
- 描述你调整自己情绪的方式。
- 你通常如何表达自己的情绪?
- 你通常如何开始新项目?
- 在项目中遇到挫折或失望,你会如何反应?

子量表构成
以下子量表应当由霍根持证教练或反馈者解读。这些子量表就Poole先生的独特个性提供了更多深入的信息和细节。

情绪无常 情绪化,时常感到愤怒或气恼,容易生气且不易缓和情绪

容易失望 最初对他人和项目充满热情,但之后不可避免地会感到失望,而后热情即转变为排斥

缺乏方向 缺乏清晰明确的信念或兴趣,但对过往的行为感到后悔遗憾

Sam Poole | HF175947 | 2018-5-23

Insight Report 霍根发展调查表

量表: 多疑

99

描述
多疑量表有关于对他人欺骗行为的警惕，且一旦发现迹象就会采取行动。

分数解读
Poole先生在多疑量表上的分数表明他倾向于：
- 怀疑他人的动机与意图
- 显得猜忌心重且好争辩
- 总认为自己会被伤害
- 对办公室政治有敏锐的洞察力
- 抗拒他人的反馈意见

讨论问题
以下问题是为持证教练或反馈者而设计，可用以与受测人探讨测评结果，并根据受测人的工作职能情况为其提出发展机会。

- 一般你如何与他人建立信任？
- 你如何同办公室政治保持步调一致？
- 描述一般情况下你如何向同事提出反馈意见。
- 你如何在团队内部培养彼此信任？
- 面对负面反馈你会如何反应？

子量表构成
以下子量表应当由霍根持证教练或反馈者解读。这些子量表就Poole先生的独特个性提供了更多深入的信息和细节。

愤世嫉俗 倾向于怀疑他人的意图，总认为他人有不良动机

不信任/猜忌 对于人和事普遍存疑，对于伤害、背叛或欺骗的迹象非常警觉

记仇 容易心存积怨，不愿原谅他人的过错

Insight Report 霍根发展调查表

量表: 谨慎

86

描述
谨慎量表有关于规避风险，害怕失败，以及避免批评。

分数解读
Poole先生在谨慎量表上的分数表明他倾向于：
- 小心谨慎，避免因犯错而受责备
- 保守且不愿革新
- 在作决定前征询他人的认同
- 避免有风险的选择或决定
- 很少犯低级错误

讨论问题
以下问题是为持证教练或反馈者而设计，可用以与受测人探讨测评结果，并根据受测人的工作职能情况为其提出发展机会。

- 描述在信息不足的情况下，你作决定的过程是怎样的。
- 你如何应对有风险的项目或决策？
- 在作决策时，你如何权衡风险的积极影响和消极影响？
- 你通常如何应对失败？
- 你如何确定作决定的最佳时机？

子量表构成
以下子量表应当由霍根持证教练或反馈者解读。这些子量表就Poole先生的独特个性提供了更多深入的信息和细节。

回避 避免陌生人或不熟悉的局面，避免想象中可能发生的尴尬情况

胆怯 担心因犯错而被批评，不愿意独立行动或作决定

不果断坚决 不愿意自信坚定地行动，因而可能会被忽视

| 附录 |

Insight Report 霍根发展调查表

量表: 内敛

93

描述
内敛量表有关于强硬，冷淡，疏离，且不关心他人感受。

分数解读
Poole先生在内敛量表上的分数表明他倾向于：
- 对与他人建立关系不感兴趣
- 不经常与他人交流，或不擅长与他人沟通
- 对他人的问题漠不关心
- 似乎不为紧张、压力与批评所困扰
- 显得独来独往

讨论问题
以下问题是为持证教练或反馈者而设计，可用以与受测人探讨测评结果，并根据受测人的工作职能情况为其提出发展机会。
- 当同事遇到问题向你寻求帮助时，你通常会怎么做？
- 在何时与他人保持距离是有益的？
- 你如何平衡他人的感受与业务的需求？
- 你认为一个管理者应该多大程度上对他的团队投入情感？
- 你认为与他人紧密合作的优点和缺点分别是什么？

子量表构成
以下子量表应当由霍根持证教练或反馈者解读。这些子量表就Poole先生的独特个性提供了更多深入的信息和细节。

内向 重视私人时间，更喜欢独自工作

不善交际 与他人保持距离，少有关系密切的朋友，通常表现得冷漠疏离

强硬 对于他人感受或问题漠不关心，更专注于工作而不是人

Sam Poole | HF175947 | 2018-5-23

255

Insight Report 霍根发展调查表

量表: 消极

97

描述
消极量表有关于表面友善合作，实际却按照自己的想法行事，沉默却固执地抵抗拒他人意见。

分数解读
Poole先生在消极量表上的分数表明他倾向于：
- 即使他内心非常抵触，表面也会很合作
- 假装认同，但仍旧按照自己的想法行动
- 抗拒反馈与辅导
- 对自己不感兴趣的任务会故意拖延
- 当被要求调整他的计划与安排时，内心会默默地强烈抵抗

讨论问题
以下问题是为持证教练或反馈者而设计，可用以与受测人探讨测评结果，并根据受测人的工作职能情况为其提出发展机会。
- 在被打断或打扰时你感觉如何？
- 感到恼怒时，你如何掩饰自己的情绪？
- 对于自己的意图、计划和首要任务，你有多开诚布公？
- 对于他人的请求你是否有求必应？
- 描述如何处理你的优先事项。

子量表构成
以下子量表应当由霍根持证教练或反馈者解读。这些子量表就Poole先生的独特个性提供了更多深入的信息和细节。

消极抵抗 当被要求提升绩效表现时，可能表现得过度顺从和迎合，但私下却感到不满与抵触

不被赏识 认为自己的才能与贡献被忽视；感觉在分配任务时受到了不公平待遇

容易激怒 私下很容易因被打断、别人的请求或是工作相关的建议而感到恼怒

Sam Poole | HF175947 | 2018-5-23

| 附录 |

Insight Report 霍根发展调查表

量表: 自大

43

描述
自大量表有关于无畏，自信，总认为成功在握，很难承认错误并从经验中吸取教训。

分数解读
Poole先生在自大量表上的分数表明他倾向于：
- 显得谦虚、不招摇
- 有主见但不独断专行
- 主动进取时也显得低调
- 愿意承认自己的过失
- 能够适宜地提出反对意见

讨论问题
以下问题是为持证教练或反馈者而设计，可用以与受测人探讨测评结果，并根据受测人的工作职能情况为其提出发展机会。
- 在会议中，你如何维护自己的立场？
- 在完成高难度任务时，你对自己有多少信心？
- 是否每个人都应该得到平等的对待，无论他们贡献或表现如何？
- 面对那些支配主导会议或项目的同事时，你通常是如何反应的？
- 在工作中什么程度的自信坚定是恰当的？

子量表构成
以下子量表应当由霍根持证教练或反馈者解读。这些子量表就Poole先生的独特个性提供了更多深入的信息和细节。

特权 觉得自己有特殊的天分及成就，因此应该受到特殊待遇

过度自信 对自己的能力相当自信；认为只要自己选择去做的事就一定能够成功

自认天资聪颖 认为自己拥有不同寻常的才能与天赋，必然会有巨大的成就

Sam Poole | HF175947 | 2018-5-23

Insight Report 霍根发展调查表

量表: 狡猾

49

描述
狡猾量表有关于机灵，富有魅力，爱冒险，追求刺激和试探底线。

分数解读
Poole先生在狡猾量表上的分数表明他倾向于：
- 可靠，值得信赖
- 谨言慎行
- 遵守承诺
- 不冒不必要的风险
- 明白何时及如何挑战规则是适当的

讨论问题
以下问题是为持证教练或反馈者而设计，可用以与受测人探讨测评结果，并根据受测人的工作职能情况为其提出发展机会。
- 你对规章制度的看法是什么？
- 你如何说服他人去做他们本不会做的事情？
- 你如何处理自己所犯的错误？
- 个人魅力在商业谈判中应该起到什么作用？
- 对于你不确定是否能胜任的工作，你会如何做承诺？

子量表构成
以下子量表应当由霍根持证教练或反馈者解读。这些子量表就Poole先生的独特个性提供了更多深入的信息和细节。

爱冒险 倾向于承担风险和试探底线；刻意挑战或打破那些造成阻碍的规章制度

冲动 倾向于不计长远后果而作出冲动的行为

工于心计 权谋家倾向——利用自己的魅力摆布他人，并对此毫无悔意

Sam Poole | HF175947 | 2018-5-23

258

| 附录 |

Insight Report 霍根发展调查表

量表: 戏剧化

34

描述
戏剧化量表有关于好交际，风趣幽默，以及享受成为众人瞩目的焦点。

分数解读
Poole先生在戏剧化量表上的分数表明他倾向于：
- 安静，不招摇
- 愿意成为观众而不是舞台上的明星
- 避免成为众人关注的焦点
- 在组织中需要更高调一些
- 需要更善于表现自己

讨论问题
以下问题是为持证教练或反馈者而设计，可用以与受测人探讨测评结果，并根据受测人的工作职能情况为其提出发展机会。
- 你如何回应他人对你的关注？
- 在会议中你会表现得有多活跃积极？
- 你如何同他人分享功劳？
- 对于那些在工作中表现得太过引人注目的人，你有何反应？
- 你倾向专注于一个项目，还是同时进行多个项目？

子量表构成
以下子量表应当由霍根持证教练或反馈者解读。这些子量表就Poole先生的独特个性提供了更多深入的信息和细节。

在公众场合自信 期望他人发现自己的社交魅力，不清楚什么时候应该保持沉默安静

容易分心 注意力不集中，需要持续地刺激，可能会做无用功

自我炫耀 希望成为众人瞩目的焦点，通过引人注目的服饰和动作获取别人的关注

Sam Poole | HF175947 | 2018-5-23

259

Insight Report 霍根发展调查表

量表: 幻想

96

描述
幻想量表有关于创新，创意，但可能有些古怪，且有时会自我陶醉。

分数解读
Poole先生在幻想量表上的分数表明他倾向于：
- 即便在不必要时，也会提出富有创意的解决方案
- 对于要怎么把事情做得更好有很多的想法
- 沟通方式显得复杂抽象
- 沉溺于他自己的想法中
- 似乎未能意识到他的想法会对别人造成何种影响

讨论问题
以下问题是为持证教练或反馈者而设计，可用以与受测人探讨测评结果，并根据受测人的工作职能情况为其提出发展机会。
- 组织革新应有多频繁？
- 你如何让他人认同你的想法？
- 你如何平衡创意性与实用性？
- 描述你进行改进的方法。
- 一个人应有何种程度的独特性？

子量表构成
以下子量表应当由霍根持证教练或反馈者解读。这些子量表就Poole先生的独特个性提供了更多深入的信息和细节。

想法怪异 表达不寻常的观点，有些富有创意，有些则显得古怪；可能会过度沉溺于这些想法中

异常敏感 认为自己有特殊的能力可以洞察他人无法发现和理解的事物

创造性思维 认为自己非常有创意，但容易厌倦，对自己富有想象力的问题解决能力非常有自信

Sam Poole | HF175947 | 2018-5-23

| 附录 |

Insight Report 霍根发展调查表

量表: 苛求

38

描述
苛求量表有关于勤奋工作、细节导向,对自己和他人的表现有较高要求。

分数解读
Poole先生在苛求量表上的分数表明他倾向于:
- 对于细节不太关注
- 对于规则与程序持有较为随意的态度
- 会错过截止期限
- 不会事先仔细安排他的工作计划
- 显得有些没有条理

讨论问题
以下问题是为持证教练或反馈者而设计,可用以与受测人探讨测评结果,并根据受测人的工作职能情况为其提出发展机会。
- 你如何决定应该把哪些项目与工作授权给他人来完成?
- 描述你对自己与他人的表现持有怎样的标准。
- 在按时完成工作与确保工作质量之间,你会如何权衡?
- 为了完成项目,你认为什么时候加班是适当的?
- 通常你错过截止期限的原因是什么?

子量表构成
以下子量表应当由霍根持证教练或反馈者解读。这些子量表就Poole先生的独特个性提供了更多深入的信息和细节。

高标准 对于自己和他人的表现都有相当高的要求

完美主义 对于工作成果苛求完美,过分拘泥于细节

有条理 谨小慎微,刻板不变通,不愿改变原定的计划、时间、规章及流程

Sam Poole | HF175947 | 2018-5-23

261

Insight Report 霍根发展调查表

量表: 恭顺

5

描述
恭顺量表有关于是不是一名忠诚可靠的下属或组织成员。

分数解读
Poole先生在恭顺量表的分数表明他倾向于：
- 不崇拜权威
- 诚实可信，但不会愚忠
- 按照他自己的方式处事
- 特立独行
- 看上去愿意挑战上级

讨论问题
以下问题是为持证教练或反馈者而设计，可用以与受测人探讨测评结果，并根据受测人的工作职能情况为其提出发展机会。

- 你认为应当给予管理层多少尊重才合适？
- 你如何确保让你的上司满意？
- 你在决策前会经常征询上司的建议吗？
- 你如何平衡上级的需求与你团队或下属的需求？
- 描述你向上司表达异议的方式。

子量表构成
以下子量表应当由霍根持证教练或反馈者解读。这些子量表就Poole先生的独特个性提供了更多深入的信息和细节。

优柔寡断 过度依赖于他人的建议，而不愿独立决断或行动

阿谀奉承 过度急切地迎合上级，只说上级想听的话，从不反驳

顺从依赖 不顾自己的想法，支持上级，对上级言听计从，并以此为荣

鸣 谢

首先，我要衷心感谢我的伯乐——知名人力资源专家贺清君先生。我们相识于2018年的夏天，正是他的点拨提携和持续鼓励，使我的第一本书籍《金牌招聘官是怎样炼成的》得以顺利出版，并收获了广泛的好评。因为这本书，我有幸结识了更多的业界贵人，获得了宝贵的帮助和机会，才得以在职场稳步前行。正如古人所言："千里马常有，而伯乐不常有。"能遇到贺清君先生这样的支持者和鼓励者，让我能够在写作和职业生涯的道路上，走得更远、更稳，实乃我人生之大幸。

还要感谢我的两位老朋友：北京九九长庚投资管理有限公司的CHO陈守元先生和周海龙先生，我对他们毫无保留地分享我的想法，而他们也同样坦诚地为我提供指导性的建议与帮助。尤其是在我最初迷茫、不知所措的时候，他们帮我厘清思路，明确如何与我的第一本书进行有效的衔接，还为我提供了一些极具创意的点子。可以说，没有他们的支持，这本书完成得不会如此顺利。

此外，还要感谢极电光能有限公司的联合创始人、总裁于振瑞先生，利用"五一"假期的宝贵时间给我撰写推荐序，而且态度总是那么谦和。

感谢猎聘网的创始人戴科彬先生，在百忙之中再次抽出时间为我撰写封面推荐语，感谢他长期以来一直给予我鼓励和支持。

感谢我前任领导科锐国际的董事长高勇先生，我对科锐有深厚的感情，它不仅是我在北京工作的第一家公司，也是我进入猎头行业的第一家公司。即使在繁忙的日程中，他仍然抽出宝贵的时间为我撰写推荐序，这份情谊，我铭记在心。

我也要向晶科科技的人力资源副总裁林玲女士表达我的感激之情。林玲女士是人力资源行业的翘楚，她在新能源领域取得的卓越成就令人钦佩。在难得的"五一"假期里，她依然抽出时间为我的书籍撰写推荐序，这份支持与厚爱，让我备感荣幸。

感谢《人力资源》杂志社常务副社长崔巍先生利用"五一"假期宝贵的时间给我写封面推荐语，也非常感谢他对我一如既往的支持和鼓励。

此外，我必须提及我的现任领导——满天星人力资源管理咨询（南京）有限公司的董事长潘岩先生。他长期以来对我的包容、鼓励、支持和帮助，让我得以在职场中稳步成长。即便在繁忙的公务中，他仍然挤出时间为我撰写封面推荐语，这份厚爱与信任，让我深受感动。感谢潘岩先生的悉心指导和无私帮助，使我在职业生涯中不断突破自我、追求卓越。

除上述提及的各位外，我最深切的感激要献给我的家人。他们在我过往的学习和工作中一直是我坚实的后盾，无论是在精神上的支持还是在实际行动上的帮助，都让我感受到了无比的温暖。特别要感谢我的先生，他不仅为我提供了许多宝贵的建议和想法，还亲自帮助我修改和完善书中的部分语句。他的无私付出和默默支持，让我能够专注于创作，我将永远铭记这份深情厚谊。

写书的过程中，我占用了许多周末和节假日的时间，没能好好陪伴家人，也没有分担太多的家务，对此我深感愧疚。然而，他们从未抱怨，反而始终给予我最大的理解和鼓励。在此，我要向我的家人表示最诚挚的歉意和感谢，谢谢他们这么多年来的默默奉献和

| 鸣谢 |

负重前行。没有他们的支持，我不可能走到今天这一步。未来，我会更加努力，不辜负家人的期望，也将为他们创造更多的幸福时光。

最后，我要向所有对这本书提供帮助的人以及广大的读者朋友们表示衷心的感谢。正是你们的阅读、感悟、行动和改变，才赋予了这本书真正的生命和意义。虽然这是本人的第二本书，但其中难免存在一些不足之处，如部分内容的表述可能略显冗长，某些观点也可能带有一定的偏见。我恳请读者朋友们能够宽容对待这些不足，并提出宝贵的意见和建议，帮助我不断完善和进步。大家可以通过微信公众号（惠言惠语）和视频号（金牌招聘官惠惠）给我留言互动。

惠惠

满天星人力资源管理咨询（南京）有限公司　科技事业部副总裁

图书在版编目（CIP）数据

慧眼识人：如何做好人才画像与人才经营 / 惠惠著.
北京 ： 中国法治出版社，2025.6. -- ISBN 978-7-5216-4846-1

Ⅰ.F272.92

中国国家版本馆 CIP 数据核字第 2024DB4767 号

责任编辑：马春芳　　　　　　　　　　　　封面设计：汪要军

慧眼识人：如何做好人才画像与人才经营

HUIYAN SHIREN: RUHE ZUOHAO RENCAI HUAXIANG YU RENCAI JINGYING

著者 / 惠　惠
经销 / 新华书店
印刷 / 河北鑫兆源印刷有限公司
开本 / 710 毫米 × 1000 毫米　16 开　　　印张 / 17.75　字数 / 214 千
版次 / 2025 年 6 月第 1 版　　　　　　　　2025 年 6 月第 1 次印刷

中国法治出版社出版

书号 ISBN 978-7-5216-4846-1　　　　　　　定价：59.00 元

北京市西城区西便门西里甲 16 号西便门办公区
邮政编码：100053　　　　　　　　　　　　传真：010-63141600
网址：http://www.zgfzs.com　　　　　　　　编辑部电话：010-63141815
市场营销部电话：010-63141612　　　　　　印务部电话：010-63141606

（如有印装质量问题，请与本社印务部联系。）